ABSOLUMENT

TOUT SUR

LE VIN

Titre de l'édition originale américaine : *The Everything Wine Book.*

Publié par :
Adams Media Corporation
260 Center Street
Holbrook, MA 02343
USA

Illustrations de Barry Littmann.

ISBN 2-87691-578-2
Dépôt légal : 3ème trimestre 2000
Nous nous efforçons de publier des ouvrages qui correspondent à vos attentes et votre satisfaction est pour nous une priorité.
Alors, n'hésitez pas à nous faire part de vos commentaires :

Editions Générales First
33, avenue de la République
75011 Paris – France
Minitel : 3615 AC3*First
e-mail : firstinfo@efirst.com

En avant-première, nos prochaines parutions, des résumés de tous les ouvrages du catalogue. Dialoguez en toute liberté avec nos auteurs et nos éditeurs. Tout cela et bien plus sur Internet à : www.efirst.com

ABSOLUMENT

TOUT SUR

LE VIN

Pascal Vincent, sommelier-conseil
Danny May et Andy Sharpe
Traduit de l'anglais (Etats-Unis) par Nadège Verrier

Connaître, acheter, garder, servir... et déguster
Un guide vraiment complet, à lire sans modération !

Sommaire

Introduction

La découverte du vin incarne pour beaucoup le passage rituel, à la fois agréable et plein d'enseignements, de l'enfance à l'âge adulte. Le voyage initiatique dans l'univers du vin vous conduit dans le monde entier, des pays européens jusqu'en Australie, en passant par l'Afrique du Sud et le continent américain. Parmi tous ces vins très différents, vous trouverez sans aucun doute les cépages, les vins et les régions viticoles qui correspondent le mieux à vos goûts. Une fois cette étape franchie, votre perception de la cuisine s'en trouvera également affinée, car les deux sont difficilement séparables. Savoir apprécier un vin ne fera qu'accroître les plaisirs de la table.

La plupart des cavistes et grandes surfaces proposent un choix important de vins français mais aussi étrangers. Pour le non-initié, cette profusion peut sembler à la fois déroutante, intimidante et en a découragé plus d'un ! Autre élément déstabilisateur : le vocabulaire du vin, bien souvent difficile à saisir quand il n'est pas totalement obscur. Pour les novices, les étiquettes sont même sources de confusion, certains vins étant étiquetés selon la région de production, d'autres selon la variété du raisin, voire un nom de marque. Cette anarchie mène parfois à de très désagréables surprises lors de l'achat ! Il devient alors bien souvent difficile de décoder les informations de

l'étiquette et d'interpréter correctement la description pompeuse du vendeur. Le résultat ne se fait pas attendre : le vin acheté n'a rien à voir avec celui escompté. Il y a de quoi modérer les ardeurs des plus enthousiastes ! Pour couronner le tout, on ne peut pas cacher qu'il existe encore une sorte de snobisme lié au vin. Pas étonnant donc que les non-initiés craignent de paraître idiots ou ridicules et finissent par éprouver une certaine appréhension face au vin. Avec un peu d'expérience, vous parviendrez à éviter tous les pièges sans difficulté.

Apprendre à connaître le vin n'est pas compliqué : il suffit de lire sur le sujet, de goûter et de noter ce qui vous plaît ou vous déplaît. Si vous vous contentez de déguster et de donner une appréciation, vos compétences ne dépasseront pas le stade du « j'aime » ou « je n'aime pas » et vous ne pourrez jamais percer les mystères des arômes des vins. Inversement, si vous vous contentez de lire sur le sujet sans jamais boire de vin, vous accumulerez, certes, un grand savoir, mais il vous manquera l'information essentielle : le goût et les arômes du vin, cette expérience sensuelle qu'aucun mot ne pourra jamais décrire.

Acheter et déguster du vin peut devenir un loisir très coûteux. Heureusement, de nombreux cavistes et grandes surfaces proposent régulièrement des dégustations gratuites. Vous pouvez goûter de bonnes bouteilles et obtenir, à l'occasion, de précieux conseils. Une autre solution économique consiste à vous regrouper entre amis et déguster à moindre coût plusieurs vins. Quelle que soit l'option choisie, n'oubliez pas de prendre des notes. Enfin, sachez que de plus en plus de restaurants et de bars proposent du vin au verre. C'est encore la meilleure façon de goûter un vin en accompagnement d'un mets.

Les livres sur le vin ne manquent pas. Un certain nombre d'entre eux s'adressent d'ailleurs explicitement aux « débutants ». Cependant, ils sont tous écrits par des spécialistes qui semblent avoir oublié qu'ils ont été un jour de simples amateurs. Les informations données sont d'une telle richesse qu'il faut vraiment être un connaisseur pour ne pas s'y perdre ! De surcroît, bien souvent, ces ouvrages s'adressent davantage aux personnes désireuses de se constituer une cave qu'à celles voulant simplement trouver une bonne bouteille à quarante francs.

Cet ouvrage est né d'une étroite collaboration entre un nouveau venu dans le monde du vin, un mordu bien documenté et un sommelier-conseil. Un livre sur le vin – d'autant plus s'il s'adresse aux débutants – est toujours trop documenté. Nos trois auteurs se sont placés du côté du non-initié afin d'être capables de répondre aux questions qu'il se pose : Quelles sont les connaissances de base indispensables pour commencer ? Qu'est-ce que je dois savoir

pour acheter au mieux dans le commerce ou au restaurant ? Comment mieux apprécier le vin ?

De plus, connaître l'histoire du vin, comprendre les différents processus d'élaboration, distinguer les nombreuses sortes de vin existantes… tout cela vous sera fort utile au cours de votre apprentissage.

Nous vous souhaitons un bon voyage à travers le monde des vins en espérant que *Absolument tout sur le vin* soit un guide utile.

CHAPITRE 1

LE VIN DANS LA CIVILISATION OCCIDENTALE

MIS EN BOUTEILLE PAR FIRST

PRODUCE OF FRANCE

12 % vol.

Le vin s'est développé et a évolué parallèlement à la civilisation occidentale. La découverte du vin dans le Croissant fertile, région d'Asie occidentale comprise entre la vallée du Nil et le golfe Persique, est probablement un accident. Les premières civilisations (entre 4000 et 3000 av. J.-C.) s'établissent sur ces terres fertiles sur lesquelles ont probablement poussé les premiers plants de vigne. Puis, lorsque les puissantes villes-États remplacent les peuplements primitifs, les populations successives – Phéniciens, Grecs et enfin Romains – exportent les pieds de vigne et leur savoir-faire à travers la Méditerranée et l'Europe au gré de leurs conquêtes maritimes.

Après la chute de l'Empire romain d'Occident, au Ve siècle, les monastères chrétiens du royaume des Francs (qui englobe alors la France actuelle, le nord de l'Italie et une partie de l'Allemagne) gardent des archives détaillées de la viticulture et de l'élaboration du vin. Celles-ci permettent d'établir un heureux mariage entre les cépages et les régions les plus favorables. Pendant le règne de Charlemagne, roi des Francs de 768 à 814, et empereur d'Occident de 800 à 814, la vigne connaît une forte expansion. L'empereur supervise la plantation de vignobles depuis le sud de la France jusqu'au nord de l'Allemagne et devient même propriétaire du grand cru corton-charlemagne (vin blanc sec de Bourgogne).

Sous le règne de la reine Élisabeth Ire, la Grande-Bretagne détient une impressionnante flotte marchande. L'île importe alors du vin de plusieurs pays européens. C'est d'ailleurs l'engouement des Anglais pour les liqueurs (xérès, porto ou madère) qui est à l'origine de l'essor et du succès de ces vins.

Au début du XIXe siècle, la France est le plus grand pays producteur de vin. Le président américain Jefferson ne tarit pas d'éloges sur la production française et encourage l'implantation de ceps européens dans le Nouveau Monde. Les premières tentatives américaines se soldent pourtant par un échec et le repiquage successif de plants européens et d'origine américaine provoque l'apparition du phylloxéra : un puceron dévastateur dont l'espèce *Phylloxera vitifolia* ravage tout le vignoble méditerranéen en 1861. Mais, du fait de cette catastrophe, de nouvelles techniques de culture et une redistribution des compétences viticoles en Europe voient le jour.

Les progrès de l'agriculture au début du XXe siècle profitent également aux viticulteurs qui peuvent dorénavant protéger leurs vignes des nuisances telles que les moisissures et les pucerons. La viticulture et la vinification deviennent alors très scientifiques. Le XXe siècle voit aussi la promulgation de lois garantissant la qualité et l'authenticité du vin. De nos jours, le vin est produit dans les pays à climat tempéré du monde entier et le consommateur a le choix entre diverses variétés de vins.

L'évolution de la production du vin depuis les sociétés agricoles primitives jusqu'à aujourd'hui ressemble à une saga fascinante, révélatrice de l'importance capitale du vin dans notre culture.

Les vins dans l'Antiquité

La découverte du vin est certainement le fruit du hasard. Si l'on sait que le raisin est connu des hommes primitifs (des pépins de raisin ont été retrouvés dans des cavernes), le fruit sucré et juteux de la vigne a sûrement fait partie de l'alimentation de base des hommes préhistoriques bien avant que l'on pense à le faire fermenter. C'est alors que l'inévitable se produisit. Le raisin est fragile et lorsqu'il est stocké, il arrive que les grains s'ouvrent par accident, laissant échapper leur jus. Les levures entrent alors en action pour effectuer leur transformation magique.

Si l'on en croît la légende, un ancien roi grec conservait ses précieux grains de raisin dans une jarre en terre sur laquelle il avait fait inscrire « poison ». L'une des femmes de son harem, voulant en finir avec la vie, but le breuvage. Au lieu de mourir, elle retrouva son énergie et partagea le reste de la boisson avec son roi. Celui-ci la prit en faveur et décréta qu'à partir de ce jour on laisserait le raisin fermenter.

La Mésopotamie (Perse) et l'Égypte, toutes deux à l'extrémité du Croissant fertile, sont les berceaux de l'élaboration des vins antiques. Trois mille ans avant notre ère, les deux royaumes produisaient déjà du vin. Ironie du sort, aucun des deux pays n'a produit de vin notable pendant des siècles, même si l'Égypte est aujourd'hui en train de restaurer sa capacité vinicole.

Les anciens Égyptiens, quant à eux, cultivaient du raisin et avaient adopté un procédé d'élaboration étonnement moderne. Plantés dans le riche delta du Nil, les vignes étaient entretenues avec soin. Une fois cueillis, les grains étaient foulés au pied et mis à fermenter dans d'énormes cuves en bois. Bien qu'étant à un stade technique avancé, les Égyptiens ignoraient encore le processus biologique de la fermentation.

Le vin de l'ancienne Égypte était pour la majeure partie du vin blanc sucré, probablement issu d'un cep connu sous le nom de muscat d'Alexandrie. Considéré comme un don du dieu Osiris, le vin était utilisé dans les rites funéraires égyptiens comme signe de respect vis-à-vis des dieux. Le corps et les effets du mort étaient enduits de vin avant la mise au tombeau.

Les vins égyptiens s'exportaient. Longtemps après la disparition des dynasties égyptiennes, les vins gardèrent une excellente réputation, comme en témoignent les nombreuses louanges présentes dans les écrits romains.

En Perse, la civilisation mésopotamienne était très avancée dans les domaines des mathématiques, du commerce et de l'agriculture. Vers 3000 av. J.-C., les Perses produisaient du vin à partir de vignes certainement originaires des contreforts du Caucase, au nord du pays. Comme chez les Égyptiens, le vin était perçu comme une essence divine et servait à célébrer les louanges des dieux. Les Perses aimaient beaucoup leur vin – avec raison semble-t-il – puisque leurs cépages seraient les précurseurs de *Vitis vinifera*, la principale espèce de raisin.

Les Phéniciens s'établirent entre l'Égypte et la Mésopotamie, le long du Croissant fertile. Grands navigateurs, ils sillonnaient la Méditerranée depuis les côtes de l'actuel Liban. C'est par ce biais que les vignes – et le vin – arrivèrent en Grèce, en Sicile, et dans l'Italie du nord et du centre. Là, les Étrusques venus du Caucase commencèrent à produire de très bons vins dans la région de l'actuelle Toscane.

Les références constantes au vin dans l'Ancien Testament témoignent de l'importance de cette boisson dans la culture israélite ancienne : après le déluge, Noé créa un vignoble ; au grand dépit du Créateur. Lorsque Moïse voulut conduire son peuple hors d'Égypte, ce dernier se lamenta d'avoir à renoncer aux bons vins égyptiens. Ses craintes disparurent pourtant lorsque les émissaires envoyés par Moïse vers la Terre Promise revinrent avec une grappe de raisin géante.

Au début de l'expansion de la civilisation grecque vers les nombreuses îles de la mer Égée et de la Méditerranée, les colonisateurs trouvèrent des vignobles déjà en place, importés plusieurs siècles plus tôt par les Phéniciens. Comme dans les autres cultures, le vin joua un rôle important dans l'ancienne Grèce. Dionysos, dieu de la Végétation et de la Fécondité, était également dieu du Vin et de l'Ivresse. Le vin était alors un don de Dionysos. La vie était rythmée par les dionysies, fêtes en son honneur. Celle de fin décembre célébrait l'arrivée du vin nouveau du millésime.

Dans leur majorité, les vins d'antan seraient peu appréciés des consommateurs d'aujourd'hui. Les vins grecs étaient, par exemple, stockés dans des amphores d'argile scellés par la résine de pin pour les rendre étanches, ce qui leur donnait un arôme proche de celui que l'on trouve aujourd'hui dans les vins résinés. Le goût des vins antiques, qu'ils soient de Grèce, d'Égypte ou d'ailleurs, était également relevé par des additifs, notamment des herbes et de l'eau de mer. Les Romains revenant de Marseille déploraient déjà le vin fumé qu'ils y avaient trouvé. Il n'était en effet pas rare de fumer les vins ou de les réduire jusqu'à l'état de sirop.

Apparition du vin de qualité en Europe durant l'Empire romain

À son apogée, l'Empire romain couvrait la majorité des terres méditerranéennes et une grande partie de l'Europe. La vigne était déjà présente sur la plupart des territoires conquis, apportée par les Grecs et les Phéniciens. Les Romains étaient aussi amateurs de vin et encourageaient son développement dans l'ensemble de l'Empire.

S'ils partageaient au début le goût de leurs prédécesseurs pour les vins aromatisés, il semblerait que les régions de France, d'Espagne et du nord de l'Italie produisaient des vins rouges et blancs purs et fins. Rome se consacrait au culte de Bacchus (le dieu du Vin) et les Romains, très méthodiques, mettaient au point des techniques de culture et de production très complexes qui restèrent inégalées jusqu'au XVIIIᵉ siècle.

L'Empire était à tel point inondé par le vin que l'empereur Domitien donna l'ordre d'arracher les vignobles français en l'an 92.

1989
CASTELLO DI AMA®
DRY RED TABLE WINE OF TUSCANY
VIGNA IL CHIUSO

Da uve raccolte nel 1989 nella vigna Il Chiuso,
del vigneto San Lorenzo.

ESTATE BOTTLED BY CASTELLO DI AMA S.p.A.
GAIOLE IN C. · ITALY

NET CONT. 750 ML · PRODUCT OF ITALY · ALC. 12.5% BY VOL

Par bonheur, l'ordre ne fut que partiellement exécuté. Lors de la chute finale de l'Empire romain, en 476, les grands vignobles d'Europe (dans le nord de l'Italie, en Allemagne et en France) étaient plantés et exploités.

La culture de la vigne déclina en Asie mineure, région où elle était née, et partout ailleurs hors d'Europe en raison de la montée de l'islam. En 630, le prophète Mahomet conquit La Mecque au cours du premier Djihad, la guerre sainte islamique. À son zénith, l'Empire islamique s'étendait de l'Espagne jusqu'au nord de l'Inde. La consommation d'alcool étant interdite par le Coran, les terres de l'Empire cessèrent alors de produire du vin. La production ne reprit que bien plus tard, lorsqu'un nouvel état du monde se dessina, dirigé notamment par deux grandes puissances : la France et l'Allemagne avec, à leur tête, une Église catholique de plus en plus puissante.

L'histoire du vin en Europe

Les pieds de vigne apparurent dans le sud de la Gaule bien avant la conquête romaine. Puis, les méthodes de production très évoluées des Romains et l'introduction de nouveaux cépages dans le nord contribuèrent grandement à l'essor de la vigne. Très nombreux dans les duchés de France et d'Allemagne, les ordres monastiques étaient souvent propriétaires de gigantesques vignobles. Grâce aux archives conservées depuis plusieurs siècles – concernant les pluies, les rendements et les cépages – les moines du Moyen Âge furent capables de planter les variétés les plus prometteuses dans les principales régions du pays.

À la demande du pape Urbain II, les armées de soldats chrétiens quittèrent l'Europe pour partir à la reconquête des lieux saints occupés par les musulmans. Deux siècles et huit croisades plus tard, les chrétiens ramenèrent en Europe de nouvelles variétés de *Vitis vinifera* ! C'est pendant cette période que les deux principales régions viticoles de France, le Bordelais et la Bourgogne, acquièrent la réputation de producteurs de vin de qualité.

En 1152, Henry II d'Angleterre épousa Aliénor d'Aquitaine qui apporta en dot les vignobles du Bordelais et de la Gascogne voisine. Le vin rouge clair de ces régions devint très prisé en Angleterre où il fut baptisé « claret ». Dès 1350, un million de caisses de vin quittaient le port de Bordeaux chaque année. Même si les bordeaux rouges figurent aujourd'hui parmi les vins qui vieillissent le mieux, le « claret » de l'époque était bu jeune. Il fallut attendre la fin du XVIIe siècle et l'apparition de bouteilles convenables et des bouchons pour que le vin puisse être mis à vieillir.

Le goût des Anglais pour les vins venus des lointains vignobles méditerranéens grandit au fur et à mesure que se développa la capacité maritime du pays. De nombreux vins voyageaient pourtant mal et s'altéraient avant d'arriver à destination. Astucieux, certains expéditeurs portugais et espagnols ajoutèrent de l'eau-de-vie dans les fûts avec l'idée de les diluer avec de l'eau une fois la cargaison arrivée. Secouée et chauffée pendant la traversée, la liqueur résista pourtant à l'activité bactérienne en raison de son plus fort taux d'alcool. Parvenu à bon port, le vin s'était bonifié. Les Anglais préférèrent le boire tel quel. C'est ainsi que le porto du Portugal, le xérès d'Espagne et le madère de l'île portugaise du même nom devinrent des boissons alcoolisées très en vogue dans la froide et brumeuse Angleterre !

Longtemps avant l'apparition des bulles dans le champagne, les Romains introduisirent des ceps dans le nord de la Champagne. Il est très probable que, comme la fermentation, le doux pétillement du champagne fut une découverte fortuite. Le climat était très rude dans cette région et les fruits devaient résister pour arriver à maturité. On peut imaginer qu'une période de grand froid juste après la récolte stoppa le processus de fermentation du vin. Puis, le beau temps faisant suite au froid, les levures engourdies dans les bouteilles sortirent de leur léthargie. L'accumulation de gaz carbonique fit alors exploser la bouteille. Ce que l'on ignore c'est le nombre de bouteilles qui ont explosé pendant des années avant que quelqu'un n'en devine la raison !

Selon la légende, ce serait un certain Dom Pérignon, moine-cellérier de l'abbaye bénédictine d'Hautvilliers, près d'Épernay, qui aurait réussi à exploiter la seconde fermentation. À la fin du XVIIe siècle, il mit au point les bouchons en liège remplaçables, les bouteilles en verre plus épais, et le procédé de l'assemblage. C'est à un autre producteur de champagne, Nicole-Barbe Ponsardin (la veuve de François Clicquot), que l'on doit la technique permettant d'ôter les levures mortes des bouteilles. Très vite, les Anglais adoptèrent le champagne.

La Révolution française de 1789 bouleversa de fond en comble la production de vin de Bourgogne. L'Église et la noblesse perdirent leurs vignobles qui furent redistribués au peuple – en parcelles bien trop petites pour permettre une production autonome. La plupart des viticulteurs furent contraints de vendre leur raisin à des négociants qui ne firent rien pour maintenir la réputation de vin de qualité du Bourgogne.

En 1935, la France créa un cadre juridique, le système d'Appellation d'origine contrôlée (A.O.C.), visant à établir des normes touchant tous les aspects de la production : l'aire de production c'est-à-dire le terroir, le cépage, le climat, le degré minimal d'alcool et le rendement maximal. Ces mesures avaient pour objectif de protéger la qualité des vins français et de garantir le strict respect des normes. En 1963, l'Italie suivit les traces de la France et instaura la dénomination DOC – *Denominazione di origine controllata*. Grâce à ces lois, l'Europe dicta les normes pour l'ensemble du monde du vin.

L'histoire du vin en Amérique

Quelle ne fut pas la surprise des premiers explorateurs qui foulèrent le sol américain : le nouveau continent était couvert de vignes ! Pourtant, le cépage américain était très loin de ressembler à une quelconque variété européenne : deux fois plus gros, poussant sur une vigne gigantesque, capable de produire jusqu'à une tonne de fruits, il ressemblait davantage à une plante carnivore qu'au raisin que nous connaissons !

Le goût n'était d'ailleurs guère plus agréable : le vin avait une odeur fétide due à la présence d'anthranilate de méthyle.

Au début du XVIIᵉ siècle, les premiers plants furent importés d'Europe mais ne résistèrent ni aux insectes locaux, ni au rude climat de l'est des États-Unis. Cet échec et la médiocrité des cépages indigènes concoururent à élire, à défaut, le whisky comme boisson nationale.

Pendant ce temps, à l'insu des colons de la côte est des États-Unis, des missionnaires espagnols parvinrent à cultiver, sur la côte nord du Mexique, des plants de vigne européens destinés au vin de sacrement. Très vite, la culture de la vigne s'installa aussi sous le chaud soleil de la Californie.

Deux événements contribuèrent à l'essor de l'industrie vinicole dans cette région : la ruée vers l'or de 1848 qui amena de nombreux colons en Californie, et la construction des premières voies ferrées permettant d'acheminer les vins californiens jusqu'aux marchés de la côte est. À la fin du siècle, la production américaine était suffisamment importante pour répondre à la demande intérieure et extérieure.

Mais l'élan pris par l'industrie vinicole est de courte durée en raison de la prohibition. En 1920, l'alcool est pratiquement interdit sur tout le territoire américain : les vignobles sont déracinés, la production s'arrête presque partout. Seuls les vins médicinaux et les vins religieux pour les sacrements sont encore autorisés ainsi que – comble de l'ironie – la production personnelle d'alcool !

Treize longues années plus tard, la prohibition fut enfin levée, mais le vin avait lourdement pâti de cette parenthèse : la qualité était médiocre (les viticulteurs ayant préféré un raisin capable de voyager à un raisin de qualité) et le goût des consommateurs, qui préféraient désormais les vins de liqueur, avait changé. À la fin des années 1930, deux événements donnèrent un second souffle à l'industrie du vin. Le premier fut l'importation d'Europe des plants français hybrides issus du croisement des ceps européens avec ceux originaires d'Amérique, résistants au phylloxéra. Le second fut le début de l'étiquetage par cépage.

Le véritable essor du vin américain survint avec le début de la prospérité de la fin des années 1950. Très prisé des banlieusards fortunés qui avaient souvent l'opportunité de voyager à l'étranger, le vin devint alors un symbole de reconnaissance sociale. Quelques personnalités comme Jackie Kennedy ou James Bond, l'agent britannique 007, contribuèrent à la mode du vin français.

Pendant ce temps, la réputation des vins californiens ne fit que croître. Au début des années 1970, des viticulteurs ingénieux mirent au point un genre de vin totalement nouveau, un grand vin fort en alcool et fruité qui tirait les meilleurs avantages de la longue saison chaude californienne.

Dans les années 1970, les Américains montrèrent une nette préférence pour les vins blancs et notamment le zinfandel blanc, même si la consommation d'un cépage noir, le cabernet-sauvignon, était en constante augmentation. Le merlot, un autre cépage noir, était, lui, jugé sans intérêt jusqu'à ce que la médecine s'en mêle et recommande de suivre l'exemple français et de boire du vin rouge. En un clin d'œil, les Américains modifièrent leurs habitudes et se tournèrent naturellement vers le merlot.

TENEZ, UN PETIT REMONTANT !

CHAPITRE 2

L'ÉLABORATION DU VIN

MIS EN BOUTEILLE PAR FIRST

PRODUCE OF FRANCE

12 % vol.

Pourquoi apprécie-t-on le vin ?

On peut boire du vin pour stimuler ses papilles, se changer les idées ou étancher sa soif. Si vous buvez pour améliorer votre image, voyez plutôt du côté de la thérapie ! Tout être humain a besoin de stimulations intellectuelles et physiques. Exciter les papilles par la nourriture ou la boisson fait partie de ce que l'on appelle l'expérience humaine.

Le goût se décompose en la reconnaissance de quatre saveurs de base : sucrée, salée, acide et amère. L'acidité naturelle d'un vin est de toute première importance, car elle contribue à l'équilibre entre les saveurs. L'harmonie entre l'acidité et le sucré procure une sensation de fruité en bouche. L'alcool est l'élément clé qui rend un vin agréable à boire ou non. Trop acide, un vin devient agressif, pas assez, il manque d'intérêt et n'étanche pas la soif.

Les quatre saveurs sont détectées par des récepteurs différents, les bourgeons du goût, situés sur la langue. L'extrémité de la langue est ainsi l'endroit le plus sensible au sucré : c'est la première sensation perçue. Le salé est détecté par les bourgeons placés sur le côté de la langue ; l'acide, par ceux situés au centre de la langue. Enfin, l'amer est repéré grâce à des bourgeons qui tapissent le fond de la langue. Ce sont les derniers à réagir, raison pour laquelle on a parfois l'impression d'un arrière-goût amer avec certains aliments.

Lorsque l'on boit du vin, il est agréable de sentir un léger goût amer. Il est évident que le degré d'amertume perçu par chacun d'entre nous est très différent et varie même selon les jours chez une même personne. La perception des saveurs est modifiée en fonction de ce que l'on a mangé le jour même, voire la veille, de son état physique et aussi du moment de la journée dédié à la dégustation. Si vous venez de vous brûler la langue en mangeant, il est fort à parier que l'acidité de n'importe quel vin vous sera désagréable !

Plusieurs acides sont naturellement présents dans le vin : les acides tartrique, malique, lactique, nitrique et acétique. Lorsque l'on parle de l'acidité d'un vin, on sous-entend son « profil acide », c'est-à-dire l'ensemble des impressions acides du vin sur le palais. Le profil acide et l'équilibre entre les constituants sont essentiels pour les vins blancs. Lorsqu'ils sont trop acides, les vins blancs et rouges sont durs, notamment s'ils sont bus sans accompagnement. Inversement, lorsqu'ils manquent d'acidité, ils restent peu longtemps en bouche. Même si l'acidité est à peu près la même dans les rouges et les blancs, le profil acide des premiers est souvent moins apparent parce qu'ils offrent généralement une gamme plus étendue de saveurs. La principale différence se situe au niveau des peaux : la peau des grains de raisin blanc est jetée plus en amont dans le processus d'élaboration, alors que l'on conserve celle des grains de raisin rouge dans les cuves de fermentation suffisamment longtemps pour donner au vin sa couleur, ses arômes et ses tanins.

Les tanins sont des constituants importants du vin rouge. Vous est-il déjà arrivé de croquer un pépin de grain de raisin ? Son goût sec et amer est dû à la présence de tanins. Présents en faibles quantités, les tanins donnent au vin rouge un arôme supplémentaire tout en faisant office de conservateur naturel. Les grands vins rouges sont généralement très tanniques lorsqu'ils sont jeunes puis, en vieillissant, les tanins s'assouplissent et confèrent sa complexité au vin mûr. Dans la plupart des rouges, les tanins

ajoutent une touche agréable, légèrement amère, qui s'équilibre parfaitement avec les riches arômes fruités. Si vous concevez difficilement que l'amertume puisse être agréable, pensez au chocolat noir de qualité supérieure ou au café expresso dont l'amertume contribue grandement à leur succès.

Trop tannique, le vin rouge devient trop amer et désagréable car les tanins occultent les autres arômes. La quantité de tanins idéale dans un vin est celle qui procure une certaine « adhérence » dans la bouche et qui donne l'impression de contenir tous les autres arômes. Un vin faiblement tannique est simple et fruité, et se boit à pleine gorgée. En règle générale, plus le vin est tannique plus il se conserve longtemps, les tanins étant des conservateurs naturels.

Naissance du vin

Si la fabrication du vin est devenue au cours des cinq derniers siècles un art et une science d'une extrême précision, le processus d'élaboration reste relativement simple. Les plants de *Vitis vinifera* poussent sans difficulté sous la plupart des climats tempérés à chauds. Les grains de raisin mûrs renferment un mélange de sucres naturels (plus que dans n'importe quel autre fruit) et d'eau. La peau (également appelée pellicule) est un milieu optimal pour l'accumulation des levures naturelles, ces organismes unicellulaires qui transforment le sucre en alcool lors de la fermentation. Durant les millénaires qui ont suivi la découverte de ce processus, la technologie a joué un rôle de plus en plus important dans l'élaboration du vin.

Aujourd'hui, les possibilités technologiques offertes aux viticulteurs sont impressionnantes, et le matériel très au point. Il existe des fouloirs, des égrappoirs et des cuves de fermentation de toutes tailles et de toutes sortes, que tout producteur se doit de posséder.

Quelles que soient la qualité et la couleur du vin, sa fabrication obéit à plusieurs principes de base identiques. L'ennemi commun est l'air. Au contact de l'air, le vin perd ses qualités de fraîcheur et l'activité des bactéries acétiques, qui dégradent l'alcool en acide acétique et transforment le vin en vinaigre, est stimulée.

Pied de nez de la nature : tout comme le raisin semble aspirer à devenir vin, le vin semble aspirer à devenir vinaigre, et sans aucun effort, de surcroît ! Le viticulteur doit prendre toutes les précautions, et ce, dès les vendanges, pour éviter le contact destructeur avec l'air.

Les grappes de raisin doivent par conséquent être cueillies en prenant soin de ne pas éclater les peaux des grains. Les vendanges manuelles sont donc préférables même si les machines à vendanger modernes enserrent les rangs de vigne et secouent les ceps sans les « traumatiser ». Ce type de vendange reste cependant proscrit en Champagne et dans le Beaujolais. Beaucoup de producteurs ont également renoncé à son utilisation dans les vignobles prestigieux.

Pendant la fermentation, le contact avec l'air est limité et, là, la nature donne un coup de pouce au viticulteur puisque le dioxyde de carbone (gaz carbonique), libéré par les levures avec l'alcool éthylique, protège de l'air ambiant. C'est très important lors de la fermentation du vin rouge qui se déroule généralement dans des cuves ouvertes.

Enfin, ultime précaution contre la présence de l'air, de nombreux vins bon marché sont pasteurisés – c'est-à-dire chauffés à des températures suffisamment élevées pour détruire les bactéries acétiques. Efficace pour retarder les effets de l'oxydation, ce procédé permet aussi de conserver longtemps les vins en carafe après leur ouverture. Mais il n'est pas éternel et, si le vin est conservé trop longtemps, d'autres bactéries acétiques le transforment en vinaigre. Actuellement, aucun grand vin n'est traité par ce procédé, préjudiciable à leur l'évolution.

La limpidité est un autre objectif commun à tous les producteurs. La transparence brillante que l'on trouve chez les rouges et les blancs n'est pas naturelle. Le vin est par essence trouble en raison de la présence des levures mortes et de minuscules particules en suspension. Plusieurs procédés, notamment le collage, la centrifugation, le filtrage (ou filtration), le soutirage et la stabilisation à froid sont utilisés pour clarifier le vin.

Le collage est l'un des rares procédés nécessitant l'introduction de matériaux extérieurs. Pour les vins de qualité, on a pendant très longtemps utilisé des blancs d'œufs battus comme agent de collage. Peu après la fermentation, le vin est versé dans une grande cuve de débourbage. Lorsqu'ils sont incorporés à un vin jeune, non fini, les blancs d'œufs descendent lentement vers le fond, attirant avec eux les particules indésirables. Le vin clair est alors retiré, laissant la meringue coagulée au fond de la cuve. À la place des blancs d'œufs, on peut aussi utiliser de la caséine (protéine contenue dans le lait), une argile (la bentonite) ou de la colle de poisson.

La centrifugation et la filtration sont deux méthodes rapides et efficaces pour clarifier le vin. La première fait tout simple-ment appel à la force centrifuge pour pousser vers l'extérieur les éléments les plus lourds. Cette technique est de moins en moins employée pour les vins haut de gamme car, malheureusement, elle enlève aussi au vin certaines de ses qualités. La filtration consiste à séparer, soit par tamisage, soit par adsorption (rétention sur le filtre), le liquide des particules en suspension. Même si cette technique est moins rude que la centrifugation, certains vins fins portent sur l'étiquette la mention « non filtré », ce qui tendrait à prouver que le filtre épure plus qu'il n'est souhaitable.

Comparé au collage, à la centrifugation ou à la filtration, le soutirage est un moyen relativement passif de clarifier le vin. Le principe de départ est le même que celui de la centrifugation : plus lourdes que le vin lui-même, les particules indésirables vont peu à peu tomber au fond de la cuve si on laisse le vin reposer. Le soutirage consiste donc à verser le vin dans une autre cuve. Pendant le processus, le contact avec l'air est à éviter. Les vins rouges, notamment, souvent laissés en fût pendant plusieurs mois avant la mise en bouteilles, peuvent subir plusieurs soutirages.

La stabilisation à froid est un traitement assez radical auquel on a recours pour clarifier les vins bon marché. Il consiste à refroidir une cuve pratiquement jusqu'au point de congélation. À une telle température, des minéraux comme le bitartrate de potassium se transforment en cristaux. Avez-vous déjà vu des cristaux de vin sur un bouchon ? Si on les confond souvent avec des sédiments indésirables, la présence de ces cristaux est cependant un bon signe puisqu'elle signifie que le vin n'a pas été stabilisé à froid, ce qui aurait eu pour effet d'éliminer les cristaux avant la mise en bouteilles.

LE VIN BLANC ET LE VIN ROUGE : DEUX PRODUCTIONS BIEN DIFFERENTES

En dépit de points communs (prévention de l'oxydation et processus de clarification), la production des vins rouges et des vins blancs diffère radicalement. Pour résumer brièvement, le vin blanc est un jus de raisin fermenté – c'est-à-dire que le jus est extrait des grains avant la fermentation –, tandis que le vin rouge est le jus des grains fermentés qui sont foulés en une bouillie – le moût – dont on extrait le jus après fermentation. Il est intéressant de noter ici que les rosés les plus fins sont ceux provenant de grains rouges traités comme des grains blancs : on enlève les peaux des grains rouges, responsables de la couleur, avant la fermentation pour ne laisser au vin qu'une légère teinte rouge.

Les divergences dans la production de ces deux types de vins commencent, si l'on peut dire, dès le berceau, à savoir les vignobles. La plupart des cépages noirs classiques tels que le cabernet-sauvignon,

le merlot ou la syrah ont besoin de climats plus chauds que ceux nécessaires à la culture des meilleurs cépages blancs. Une maturité optimale est primordiale pour les grains noirs, parce que les constituants essentiels à la qualité du vin – arômes riches et fruités, tanins, corps et couleurs – s'acquièrent lors du dernier stade de maturation. Paradoxalement, si les grains mûrissent trop rapidement, le vin manquera de profondeur et d'harmonie dans ses arômes. Plus la saison de culture est longue, plus le vin est complexe. L'idéal est une saison qui se prolonge jusqu'au début de l'automne avant d'amener les grains à leur pleine maturité.

Il est possible de cultiver des cépages blancs et noirs de qualité sur des terres voisines. Cependant, les cépages blancs préfèrent généralement des terres froides qui ne peuvent convenir aux cépages noirs de qualité. Le chardonnay, le sauvignon blanc, et surtout le riesling donnent des vins inintéressants et peu acides sous les climats idéaux à la culture de grands rouges. Le chardonnay est cultivé dans le Chablis, une région plus fraîche où les grains rouges arrivent rarement à maturité. De même, les rieslings d'Europe du Nord font partie des vins blancs les plus fins

HOP !

du monde, mais l'Allemagne, grand pays producteur de riesling, ne possède pas de vins rouges de renom.

Si les climats propices à la culture des vins rouges et blancs peuvent varier, les techniques de culture ne sont, elles, pas si éloignées. Les réelles différences d'élaboration débutent après les vendanges.

Le vin blanc

Le plus tôt possible après la cueillette, les grains de raisin sont placés dans le fouloir qui en brise les peaux. Après cette opération, le contact entre le jus et les peaux n'est pas souhaitable dans l'élaboration de la plupart des blancs et les deux sont alors rapidement séparés. Le jus est extrait par un pressoir puis arrive dans une cuve de débourbage où les solides indésirables comme les poussières ou les pépins tombent au fond. Le vin blanc clarifié est maintenant prêt pour la fermentation, enfin presque !

À ce stade, le vinificateur peut estimer qu'il est nécessaire de modifier légèrement le moût. Si la réglementation varie d'un pays à l'autre, il est évident qu'un réajustement des taux d'acidité et de sucre est souvent utile. Dans les régions les plus froides où même les cépages blancs ont du mal à atteindre leur pleine maturité, on ajoute parfois du sucre au moût. C'est ce que l'on appelle la chaptalisation. S'il manque de sucre, le vin risque de ne pas atteindre le niveau d'alcool désiré. Les raisins totalement mûrs fermentent généralement jusqu'à un titre alcoométrique (teneur en alcool) de 12 % par volume.

Si besoin est, on ajuste aussi l'acidité : pour la réduire (on parle alors de désacidification), on ajoute du carbonate de calcium et, inversement, pour l'augmenter, on ajoute de l'acide tartrique (on parle alors de tartricage). Les taux d'acidité et de sucre doivent s'équilibrer pour faire un bon vin. La fermentation peut alors débuter.

Même si les levures s'accumulent naturellement sur la peau des grains pendant la période de croissance, pratiquement tous les vinificateurs préfèrent contrôler la fermentation et introduisent dans le moût des levures soigneusement cultivées. La fermentation s'effectue alors lentement, si tout se passe bien. Une fermentation lente est préférable pour deux raisons : d'une part, une trop forte hausse de température (40 °C) a pour effet de tuer les levures, d'autre part, les levures impriment d'autant plus de caractère au contact du vin. La plupart des vinificateurs contrôlent la température de fermentation par réfrigération. Le dioxyde de carbone qui se dégage pendant la fermentation est évacué des cuves sans que l'air ambiant puisse s'y introduire.

Après la fermentation, le moût de raisin blanc s'est transformé en vin blanc – un vin brut et inachevé qui a encore besoin d'être travaillé et notamment filtré afin d'en ôter toutes les particules et le sucre restants. Juste avant la clarification, le vinificateur peut ajouter au vin du moût doux non fermenté dans lequel les levures et les bactéries acétiques ont été tuées. Cela permet d'obtenir un vin plus rond et moins acide. Mais le vin nouveau a un autre moyen de réduire lui-même son taux d'acidité : la fermentation malolactique.

Comme la première fermentation (dite alcoolique), la fermentation malolactique, appelée seconde fermentation, se produit naturellement même si elle est le plus souvent contrôlée par le vinificateur. Au cours du printemps suivant la vendange, le temps chaud active les bactéries contenues dans le vin qui dégradent alors l'acide malique en acide lactique et en dioxyde de carbone. L'acide malique, présent dans la pomme (d'où son nom latin de malum qui signifie pomme), est très acide. L'acide lactique, présent à l'état naturel dans les produits laitiers, est deux fois moins acide que l'acide malique. La fermentation malolactique permet donc d'adoucir le profil acidique d'un vin. Ce processus est si bien maîtrisé aujourd'hui que l'on trouve dans le commerce des vins blancs propres et frais qui n'ont pas subi de fermentation malolactique. Il arrive que certains vins connaissent une fermentation malolactique après leur mise en bouteilles, ce qui leur donne un goût bizarre et légèrement gazeux, très peu agréable.

Il y a encore quelques dizaines d'années, les fûts en chêne étaient les cuves les plus économiques sur le marché. Le chêne apporte au vin des tanins et des arômes de vanille. Le vin a été conservé si longtemps dans des fûts de chêne que ces deux caractéristiques sont devenues des constituants de base du vin. Il est même très probable que le style de certains vins, et plus particulière-ment les vins blancs de Bourgogne à base de chardonnay, a évolué de telle sorte que les arômes de chêne font partie intégrante du goût du vin. Sans chêne, ces vins auraient un goût d'inachevé. Maintenant, il existe des fûts moins chers en acier inoxydable. Certains producteurs de vins bon marché achètent des barriques en acier inoxydable et se contentent d'ajouter des copeaux de chêne à leur vin. Ceci est bien sûr à éviter.

Dans l'ensemble, une période de repos après la fermentation et la clarification est bénéfique à tous les vins. Quelques mois de vieillissement, que ce soit dans le chêne ou dans l'acier, laissent le temps aux différents constituants de gagner en harmonie. Aussi, le vin se bonifie après un laps de temps en bouteille. Si les vins rouges connaissent en général une évolution plus progressive en bouteilles que les vins blancs, un bon vin blanc peut se bonifier cinq ans, voire plus en bouteilles. Les chardonnays et les rieslings sont réputés pour vieillir avec davantage de grâce que les autres blancs. Un vin blanc agréable possède un profil acide important contrebalancé par une touche de douceur, des arômes fruités discrets auxquels viennent parfois s'ajouter une note de chêne. C'est pour toutes ces raisons qu'il est préférable de servir un vin blanc frais – les boissons acides, comme la limonade, ont meilleur goût à basse température. Servi chaud (à température ambiante), le vin blanc, comme la limonade, est moins agréable car l'acidité importante procure une sensation d'âcreté.

Le vin rouge

Le vin rouge n'est pas obligatoirement « meilleur » que le vin blanc, mais les bons vins rouges présentent un nombre plus important d'arômes, ce qui les rend plus complexes que les vins blancs.

Même si l'acidité du vin rouge est proche de celle du vin blanc, le premier possède en général une gamme plus vaste d'arômes, ainsi qu'une quantité importante de tanins, qualités que l'on peut mieux apprécier à des températures plus élevées.

Si tous les grains renferment la même pulpe verdâtre, la peau (ou pellicule) des grains rouges donne au vin sa couleur. La peau des raisins rouges est gardée dans la cuve de fermentation pendant une longue période. Il est important de retirer les rafles des grappes de raisin au moment du foulage pour éviter qu'elles donnent trop de tanins au vin. La préparation des grains rouges pour la fermentation passe donc par une phase d'éraflage (ou égrappage) puis de foulage.

L'image de ces hommes à demi nus piétinant les raisins dans une cuve ouverte est encore très familière. Même si la mécanique a, presque partout, remplacé les pieds de l'homme, la cuve ouverte reste largement utilisée pour la vinification du vin rouge, car les grains ont tendance à flotter au sommet de la cuve, formant une sorte de « chapeau ». Il faut alors continuellement réintégrer le chapeau au moût pour pouvoir extraire les qualités souhaitées des peaux. Il existe deux procédés : l'un consiste à remonter (le remontage) le moût qui se trouve en fond de cuve et à le placer sur le chapeau (c'est le lessivage du chapeau), l'autre à enfoncer manuellement le chapeau dans la cuve à l'aide d'une pagaie spéciale (c'est le pigeage). On dit qu'un vin pigé reflète la physionomie du vinificateur – un homme grand et fort extraira davantage de peaux, ce qui produira un vin également grand et puissant. Comme dans la fabrication du vin blanc, il est essentiel de contrôler la température, mais les vins rouges ont besoin d'une température de fermentation un peu plus élevée.

Une fois la fermentation achevée, une à trois semaines plus tard, le vin nouveau est retiré de la cuve. Ce premier moût, appelé moût de goutte, est le jus qui s'écoule naturellement du raisin. Pour ne pas libérer trop de tanins, il n'est pas bon de trop presser le moût à ce stade. Une fois ce premier jus ôté, le reste est pressuré. On obtient alors du moût de presse, dont une partie est mélangée au moût de goutte afin d'arriver à une quantité de tanins idéale. Le vin est ensuite clarifié selon la même méthode que le vin blanc puis soutiré dans des fûts de vieillissement où il va mûrir lentement. Si le vin est conservé en cave pendant très longtemps, il peut être nécessaire de pratiquer des soutirages réguliers (espacés de quelques mois). Une longue période de vieillissement en fût, avant la mise en bouteilles, est bénéfique à la plupart des types de vins rouges, car les arômes se forment plus lentement dans le vin rouge que dans le vin blanc.

De nombreux vins, qu'ils soient rouges ou blancs, résultent de l'assemblage de plusieurs cépages. Même les vins provenant d'une seule et unique variété peuvent être issus de plusieurs « parcelles » différentes (et donc de fûts différents) afin d'obtenir le meilleur vin possible. La « recette » des vins varie d'une année à l'autre en fonction des caractéristiques des parcelles dans un vignoble donné.

Lorsque le vin est fin prêt, il est mis en bouteilles sur des chaînes d'embouteillages automatiques afin de lui assurer un maxi-mum de sécurité. Pendant cette opération, on veille à le protéger de l'oxydation. Outre l'air, les bactéries et les impuretés sont également redoutées. L'embouteillage constitue bien souvent l'étape la plus mécanisée de toute l'élaboration du vin. Les bouteilles propres sont remplies, bouchées, coiffées et étiquetées, le tout avec le minimum de contact humain. Le viticulteur a souvent intérêt à conserver les vins les plus fins en cave une ou deux années, car le vin mis sur le marché sera alors bien meilleur et son prix aura grimpé pendant sa phase de repos.

PRODUCE OF FRANCE

SAUVION & FILS

"LES BRÛLIS"

Sancerre

APPELLATION SANCERRE CONTROLÉE
LOIRE WHITE WINE

ALC. 12.5 % BY VOL.   750 ml

mis en bouteilles par

SAUVION ET FILS, LE CLÉRAY, VALLET (L.-ATL.) FRANCE

IMPORTED BY M.S. WALKER INC., SOMERVILLE, MA.

Les composants du vin

LES COMPOSANTS NATURELS

L'eau

Le vin se compose essentiellement d'eau (entre 85 et 90 %). Il s'agit bien évidemment de l'eau qui se trouve naturellement dans les grains de raisin. Aucun ajout n'est effectué. Pendant très longtemps, le vin a accompagné la nourriture dans des régions où l'eau n'était pas potable. Le vin peut sembler trop « léger » lorsque les autres constituants, et notamment les acides, ne s'expriment pas suffisamment.

L'alcool

Le vin renferme de l'alcool éthylique (C_2H_5OH), de 10 à 15 % par volume. Les vins liquoreux se situent généralement entre 18 et 20 % par volume. L'alcool procure un arôme important au vin. Si vous pensez que l'alcool n'a pas de goût, allez donc comparer de la vodka à de l'eau de source et vous verrez !

Les tanins

Les tanins appartiennent à une famille complexe de composés organiques que l'on extrait principalement des peaux de raisin (ce qui explique qu'ils soient surtout présents dans les vins rouges). En croquant dans un pépin, vous en apprécierez le goût. Les fûts en chêne confèrent également au vin une pointe de tanins. Un vin trop tan-nique provoquera le resserrement des muqueuses buccales. Les tanins font office de conservateurs naturels et permettent à certains vins de se bonifier avec l'âge. En quantité raisonnable, ils lui procurent également un arôme supplémentaire qui peut paraître souvent désagréable à tous ceux qui sont peu habitués à boire du vin.

Les arômes

Les cépages les plus nobles, blancs ou rouges, peuvent produire un vin possédant des arômes de fruits complexes autres que ceux du raisin, qui se développent surtout lorsque le vin est jeune. Chaque cépage noble possède sa propre palette de notes fruitées. Au cours de l'élaboration du vin, l'interaction entre les acides organiques et l'alcool aboutit à la formation de composés imitant les arômes de fruits divers.

Les acides

On dénombre plusieurs acides dans le vin. Ensemble, ils forment le " profil acide " qui s'équilibre avec les constituants plus doux. Les acides tartrique, malique et citrique sont naturellement présents dans le raisin. Après la fermentation, l'acide malique se dégrade en acide lactique (c'est la fermentation malolactique) par l'activité bactérienne. En s'oxydant, sous l'action d'autres bactéries présentes dans le vin, les bactéries acétiques, l'alcool contenu dans le vin se transforme en acide acétique (vinaigre).

Le sucre résiduel

Le sucre du fruit ne fermente pas dans sa totalité. Dans un vin sec, le sucre restant (ou résiduel) est généralement indécelable, mais il devient perceptible dans les vins approchant 1 % de sucre résiduel.

Le glycérol

C'est le composant qui confère au vin son degré de viscosité (épaisseur). Le glycérol est un alcool complexe (trialcool) qui apparaît lors de la fermentation alcoolique.

Le dioxyde de carbone

C'est un gaz produit lors de la fermentation alcoolique. Contrairement aux idées reçues, il est présent dans tous les vins, même tranquilles. Il est généralement éliminé dans la fabrication des vins de table. Mais, intentionnellement ou non, une petite proportion de CO_2 demeure dans le vin, ce qui donne une sensation tactile de picotement. La présence de dioxyde de carbone est plutôt bénéfique et relève un vin autrement plat et inerte. Il arrive qu'une fermentation secondaire se produise après la mise en bouteilles. Le vin est alors gâché par cet indésirable picotement. Mais le dioxyde de carbone est surtout responsable des bulles qui animent les boissons tels le champagne, les crémants ou les vins pétillants.

Quelques composants ajoutés

Le chêne

Le traitement du vin (fermentation, vieillissement) se faisait autrefois automatiquement dans les fûts en chêne. Aujourd'hui, les cuves en acier inoxydable sont arrivées sur le marché. Mais la présence de toutes sortes de chêne (chêne vieux ou jeune, chêne brûlé, chêne français ou américain, copeaux de chêne) ajoute des arômes au vin, notamment des tanins et des arômes de vanille. L'utilisation judicieuse du chêne permet d'accompagner les autres constituants. Trop forts, les arômes du bois peuvent dominer les autres arômes. Tout comme un bon chef va essayer d'habiller un filet de poisson quelconque avec une sauce intéressante.

Eau, alcool, tanins, acidité, goût sucré, glycérol, dioxyde de carbone et chêne sont tous les éléments que l'on trouve dans le vin. C'est au viticulteur de choisir comment et dans quelles proportions il va utiliser tous ces ingrédients, car c'est lui qui gère le procédé d'élaboration depuis le vignoble jusqu'à la mise en bouteilles.

L'anhydride sulfureux

L'anhydride sulfureux (SO2) est un corps composé formé de soufre et d'oxygène qui naît naturellement lors de la fermentation. Étant donné son rôle extraordinairement utile, le vinificateur en ajoute bien souvent. Sa fonction première est d'empêcher l'oxydation du vin : il le protège et en retarde le vieillissement. Lorsque le vin est mis en bouteilles, il évite une seconde fermentation indésirable en empêchant les levures restantes de consommer le sucre résiduel.

Grâce aux nouvelles technologies, la vinification se fait aujourd'hui loin du contact avec l'air et les besoins en anhydride sulfureux sont donc moindres. Les ajouts ont baissé même s'ils restent importants.

Il y a malheureusement un revers à la médaille : le soufre peut aussi être un poison et attaquer les bourgeons olfactifs provoquant une douleur aiguë au niveau des sinus. Aux États-Unis, le soufre a provoqué des réactions très violentes chez plusieurs personnes asthmatiques. Moins dramatique, la présence de ce composé en trop grande quantité peut occasionner des maux de tête et des vertiges.

Très fréquente autrefois, la célèbre « barre au front » est devenue de plus en plus rare, car les lois françaises et européennes limitent la quantité de soufre dans les bouteilles de vin.

L'anhydride sulfureux n'est pas le seul additif présent dans le vin. Parmi les nombreux autres constituants utilisés pour maintenir la stabilité d'un vin, notons le caramel, le potassium, l'acide ascorbique, l'acide citrique, et l'acide tartrique.

Le cépage, le sol, le climat

Les caractéristiques d'un vin sont déterminées par trois facteurs fondamentaux : le cépage, le sol et le climat. Beaucoup de professionnels vous diront qu'il en existe un quatrième : la chance, l'élaboration du vin ne pouvant se résumer à une batterie de contrôles scientifiques.

LE CÉPAGE

Chaque cépage possède une identité propre. Les cépages tout comme les plantes prospèrent mieux dans certaines situations. Il faut donc que chacun trouve son terroir.

LE SOL

Les sols riches des vallées à basse altitude et les deltas de fleuves, propices à tant de cultures, ne sont pas les sols idéaux pour faire pousser de la vigne. Les ceps se plaisent davantage sur les flancs de coteaux rocheux et, contrairement aux autres cultures, semblent mieux apprécier la pierraille que la terre. L'eau, si précieuse d'ordinaire, peut être fatale à la vigne qui préfère creuser profondément, seule, parfois jusqu'à plus de trois mètres, pour s'abreuver. L'irrigation des vignobles reste très peu courante dans le monde.

Les exploitations viticoles de Californie mettent davantage l'accent sur les cépages et le temps, tandis qu'en France on privilégie plutôt la région géographique d'origine. C'est le type de sols, ce que nous appelons le terroir, c'est-à-dire l'ensemble des facteurs naturels caractérisant une aire viticole, qui donne au vin sa personnalité. En France, les viticulteurs n'ont pas le droit d'introduire une terre venue d'ailleurs dans leurs vignobles.

Chacune des principales régions viticoles françaises possède un terroir unique. Les Graves, région du Bordelais sur la rive gauche de la Garonne, tient son nom du terrain caillouteux déposé par le fleuve lors de la dernière ère glaciaire. Les vins rouges de cette région sont parmi les bordeaux les plus parfumés, tandis que les blancs, acides et tranchants, font partie des vins blancs les plus fins au monde. Le goût du terroir, les arômes dus au sol, sont très perceptibles dans ces deux vins.

Le calcaire et la craie sont les deux constituants majeurs des sols sur lesquels le chardonnay donne de bons résultats. Ce type de sol se rencontre principalement en Champagne et en Bourgogne, dans les régions de Chablis et de la côte de Beaune. Au cœur de la Bourgogne, le gamay ne passe pas pour un grand vin, il est détrôné par le pinot noir. Le vignoble du Beaujolais, caractérisé par un sol très riche en granit, est situé dans le sud de la Bourgogne.

Sur ce type de sol, le gamay s'exprime alors pleinement et produit les vins rouges si célèbres du Beaujolais. Le sol du châteauneuf-du-pape, dans la vallée sud du Rhône, est remarquable pour ses énormes rochers blancs qui retiennent et réfléchissent la chaleur vers les vignes. Les cépages noirs qui poussent là – grenache, syrah et autres – atteignent un degré de maturité unique et donnent des vins gras, qui sont ronds, pleins et généreux. Le sol est le facteur le plus constant de la vinification. À l'échelle de la vie humaine, il est rare que la composition minérale d'un vignoble enregistre d'importantes modifications.

LE CLIMAT

Le climat, bien que variable d'une saison à l'autre, obéit à des tendances générales (précipitations et températures annuelles) relativement constantes. En France, les emplacements des vignobles ont probablement été choisis en fonction de ces deux facteurs climatique et géographique, inextricablement liés. Il n'en reste pas moins vrai qu'une année viticole ne dure que six mois. Pendant cette courte période de croissance, le temps, même s'il est prévisible par rapport aux tendances générales de la saison, peut varier. On a donc de bonnes années et de mauvaises années pour le vin. Le sol compte pour la moitié du processus d'élevage, le temps pour l'autre.

Aujourd'hui, les nouveaux vignobles sont généralement choisis pour leur micro-climat, c'est-à-dire les conditions météorologiques prévisibles sur chaque parcelle de terre. Dans les régions vallonnées propices à la culture de la vigne, le temps peut être variable d'une extrémité d'un domaine à l'autre, c'est pourquoi la recherche du terrain le plus propice est un souci majeur pour les vignerons.

Le calendrier du vignoble

LE PRINTEMPS

Idéalement, le début du printemps doit être frais. À cette époque, à cause des vagues de chaleur, les bourgeons risquent de mûrir prématurément, incapables ensuite de résister aux gelées de la nuit. Ce début de saison est l'un des rares moments opportuns pour les fortes pluies. Plus avancées dans la saison, elles seront nettement moins bienvenues. Les feuilles se déploient vers la fin du mois d'avril, puis les bourgeons apparaissent vers la fin mai. Ces indications sont bien entendu données pour l'hémisphère nord, partie du monde où la production de vin est la plus forte. La vendange des vignobles de l'hémisphère sud – d'Australie, d'Afrique du Sud, de Nouvelle-Zélande et d'Amérique du Sud – se déroule en mars. Pendant le mois critique de la floraison, la grêle est bien sûr l'ennemi mortel de la vigne. Les vents violents et les fortes averses peuvent aussi contrarier la pollinisation.

L'ÉTÉ

Une fois le travail des abeilles achevé, les grains de raisin doivent encore mûrir pendant environ trois mois. En début d'été, des pluies légères de temps à autre sont appréciables car elles aident à donner du volume aux grains jusqu'à ce qu'ils atteignent la bonne taille. Une année sèche donnera des petits grains avec une forte concentration de pulpe près de la peau. Le vin produit sera alors tannique et très riche en arômes. Lorsque le raisin mûrit, une brise fraîche et sèche est particulièrement bienvenue, car elle permet de tenir les maladies à l'écart tout en retardant le processus de maturation. Un raisin qui mûrit trop vite donnera un vin moins savoureux. Comme pendant la floraison, la grêle peut être dévastatrice.

L'AUTOMNE

C'est en septembre que tout se joue. Un mois chaud et sec peut sauver un mauvais vignoble, mais un mois froid et pluvieux ruine à coup sûr une période de croissance autrement parfaite.

Les grains ne mûrissent pas tous en même temps et tant mieux ! Si c'était le cas, il serait impossible de tous les cueillir et les écraser. L'idéal est que septembre se déroule sans pluie et que les cueilleurs passent et repassent dans les rangées de vigne en ne cueillant à chaque fois que les grains arrivés à leur pleine maturité. Des prévisions d'orage placent le récoltant devant un cruel dilemme : effectuer la cueillette quelques jours avant que les grains soient mûrs ou cueillir des grains gonflés d'eau après la pluie et courir le risque qu'ils pourrissent.

Même après la vendange, le temps joue un rôle important. Pendant la phase de fermentation, il est préférable que le temps soit frais, surtout pour les petits producteurs qui ne sont pas équipés de cuves de fermentation modernes à température constante. Des courants d'air frais autour des cuves ont pour effet d'allonger le processus de fermentation et d'éviter la surchauffe.

L'HIVER

À l'approche de l'hiver, le cycle végétatif de la vigne est généralement achevé, la récolte est finie. C'est alors l'élevage du vin qui commence dans les chais. En Allemagne et au Canada, une vendange très spéciale a lieu vers le mois de décembre, après les premières gelées. Les raisins sont cueillis glacés et aussitôt pressurés avant de dégeler. Les vins produits sont appelés eiswein, terme allemand qui signifie " vin de glace ". Ils sont sucrés et riches en arômes. Les gelées qui se produisent en hiver sont bénéfiques pour la vigne, car elles durcissent le bois et tuent les parasites que peut abriter l'écorce.

LE SAVOIR-FAIRE DU VITICULTEUR

Une météo peu clémente peut néanmoins être rattrapée par le savoir-faire et l'ingéniosité du viticulteur. Ce dernier intervient parfois très tôt pendant la période de croissance.

Une gelée après une période de chaleur précoce peut par exemple détruire les premiers bourgeons : appliquer une brume légère sur les vignes les couvre d'une fine couche de glace qui, paradoxalement, les isole des températures plus froides et plus dangereuses.

Le phylloxéra

Le phylloxéra est un puceron qui attaque et détruit les racines des ceps *Vitis vinifera*. Apparu en France vers 1860, il dévasta les vignobles européens dans leur quasi-totalité. Tout fut alors entrepris pour tenter d'éradiquer ce parasite (submersion des vignes, insecticides, implantation de vignes américaines résistantes, etc.). Rien n'y fit. Trente ans après son arrivée sur notre sol, le phylloxéra avait anéanti complètement le vignoble français. Finalement, pour sauver la vigne européenne, il fut décidé d'utiliser des porte-greffes américains. Cette opération de sauvegarde permit de conserver la subtilité des *Vitis vinifera* en les greffant sur les robustes racines américaines. Quelques régions et pays ont néanmoins été épargnés par les ravages du parasite comme les sables du cordon littoral du Languedoc ou le Chili.

Ce parasite a cependant eu le mérite de propager l'art de la vinification à travers le monde en poussant les vignerons français à quitter leur pays pour aller à la recherche de terres non infestées et y développer leur savoir-faire. C'est ainsi que bon nombre de producteurs bordelais s'installèrent dans la région espagnole de la Rioja.

Les pluies fréquentes en fin de saison favorisent l'apparition de diverses maladies de la vigne appelées rots que l'on peut vaincre par traitement chimique. Tous les vignobles sans exception donnent des raisins uniques. C'est ensuite le rôle du vigneron d'optimiser au mieux chaque récolte. Lorsque la période de croissance a été excellente, c'est une tâche certes bien agréable, mais il est rare qu'il n'y ait pas de problèmes à résoudre.

Un été froid et humide – ce qui est extrêmement rare en Californie ou en Australie, mais relativement fréquent en France – ne favorise pas une pleine maturité. Pas mûrs, les raisins manquent de sucre et ne peuvent pas effectuer une fermentation optimale et atteindre le volume d'alcool désiré. Il faut donc procéder à la chaptalisation, c'est-à-dire l'ajout de sucre avant la fermentation pour enrichir le vin en alcool. Inutile dans les régions très ensoleillées, cette pratique est cependant acceptée dans certains pays européens. Les pigments de la peau, les tanins et les arômes sont souvent faiblement concentrés dans les raisins rouges non mûrs. Tout bon vigneron saura compenser cette défaillance en laissant macérer les peaux plus longtemps dans le moût.

Après la fermentation, il est parfois nécessaire de corriger l'acidité du vin. L'ajout de carbonate de calcium atténue l'acidité liée à un manque de maturité et, inversement, l'ajout d'acides naturels (tartrique, malique, etc.) permet de donner du tranchant à un vin mou, trop mûr.

S'il veut veiller à la fois à la qualité et au coût, le vigneron doit faire un grand nombre de choix importants : cuve en acier ou en chêne ? Chêne vieux ou chêne jeune ? Le chêne est cher, la question est donc de savoir si le vin qui va être produit en vaut la peine. Ensuite, il lui faut déterminer la quantité de moût de presse qu'il va incorporer au moût de goutte. En faisant tous ces choix, le vigneron doit tirer le meilleur parti des raisins et composer un vin qui reflète à la fois les qualités héritées du cépage et celles du terroir tout en corrigeant les éventuels problèmes liés au climat.

CHAPITRE 3

LA QUALITÉ : COMMENT RECONNAÎTRE UN BON VIN D'UN TRÈS BON VIN OU D'UN VIN D'EXCEPTION?

MIS EN BOUTEILLE PAR FIRST

PRODUCE OF FRANCE

12 % vol.

Moitié artiste moitié scientifique, le viticulteur gère la fabrication du

vin depuis le vignoble jusqu'à la mise en bouteilles. À chaque étape, des variables déterminent la qualité et le coût de revient d'un vin.

Commençons par le raisin. Il arrive que les grains soient médiocres, soit parce qu'ils sont plantés dans une région inadaptée à la variété, soit parce qu'ils ont été cueillis trop tôt pour éviter les ravages d'un orage, ou au contraire cueillis après l'orage, ils se trouvent alors gorgés d'eau.

Dans les mains expertes d'un bon vigneron, du raisin médiocre peut néanmoins donner un vin agréable et plaisant, d'un bon rapport qualité/prix pour la consommation courante. S'ils peuvent être une bonne affaire, ils ne seront en aucun cas des grands vins. Même conduite par le plus grand pilote au monde, une 2 CV ne pourra jamais atteindre 200 km/h !

Il y a ensuite le raisin de qualité qui s'est développé dans des conditions optimales, dans une région propice à sa culture. Mélangé à d'autres, il produira un vin d'assez bonne qualité. Utilisé seul, il donnera un vin de qualité supérieure.

Enfin, d'excellents grains de raisin, bichonnés jusqu'à leur pleine maturité dans des vignobles réputés, se vendent aux prix les plus élevés et produisent les vins les plus chers. Sur l'étiquette, on trouvera en général le nom du vignoble.

Les grains, qu'ils soient achetés sur le marché ou cueillis directement sur les vignes du producteur, doivent ensuite être pressurés. Le moyen le plus simple consiste à pressurer les grains avec les feuilles, plus tout ce que la machine a ramassé (méthode bien moins chère que la cueillette manuelle). On obtiendra ainsi le maximum de moût mais aussi des tanins âpres.

D'autres décisions importantes s'imposent au vigneron : le choix de fûts de chêne anciens ou jeunes (en sachant que le chêne jeune est préférable car il libère davantage d'arômes) mais aussi le type de fermentation désiré, soit dans des barriques, soit dans des cuves en acier inoxydable.

Le millésime

Le millésime est l'année de naissance d'un vin. Comme tout produit agricole pouvant se conserver pendant plusieurs années, le vin, ou tout du moins le vin de qualité, porte sur l'étiquette la date de récolte des raisins dont il est issu. Bien souvent ces informations ne sont pas correctement analysées par le non-initié.

L'année de vendange permet d'obtenir deux éléments essentiels sur le vin : son âge et les conditions climatiques dans lesquelles le raisin a poussé puis mûri. On sait ainsi s'il a été produit une « bonne année ». Mais qu'est-ce qu'une « bonne année » ? Cela peut être une année où la vendange a été abondante ou une année de raisin de grande qualité, voire, dans le meilleur des cas, les deux. Attention pourtant, les conditions climatiques peuvent avoir été excellentes dans une région et mauvaises dans une autre. C'est ce que l'on appelle les microclimats. De même, il existe des différences de réussites entre les cépages eux-mêmes : une bonne année pour les uns n'est pas forcément une bonne année pour les autres.

Le millésime peut aussi servir de " date de fraîcheur " pour les vins bon marché. Il est préférable par exemple de boire la plupart des vins blancs ou des rosés bon marché avant leur deuxième ou troisième anniversaire. Pareil pour les vins rouges peu chers : mieux vaut les boire tout de suite. Contrairement à une idée reçue très répandue, les vins rouges peuvent être agréables jeunes comme dans leur pleine maturité. Les grands chardonnays, notamment les bourgognes, peuvent se bonifier pendant plusieurs années en bouteilles comme les bons vins blancs liquoreux. Ces exceptions mises à part, mieux vaut néanmoins boire les vins peu onéreux lorsqu'ils sont jeunes.

Certaines années sont meilleures que d'autres pour les grands vins. Beaucoup de régions du monde produisent de grands vins rouges. Jusqu'à récemment, l'expression « bonne année » faisait uniquement référence au Bordeaux rouge ; 1961 étant considéré comme le millésime du siècle. Et il est vrai que 1961 fut une année exceptionnelle. En début de saison, les vignobles bordelais furent presque anéantis par le mauvais temps. Pourtant, l'été qui suivit fit mûrir à la perfection les grappes de raisin restantes. Les bordeaux rouges de 1961 sont donc à la fois superbes et rares. Quarante ans plus tard, certains d'entre eux continuent de se bonifier en bouteilles.

L'année 1964 est une année à double personnalité pour le bordeaux. À Pomerol et Saint-Émilion, où les merlots à maturation précoce dominent, les vins sont remarquables. Sur l'autre rive de la Garonne, en revanche, dans le Médoc et la région des Graves, de fortes pluies sont tombées avant la vendange des cabernet-sauvignon. Les vins à base de ces cépages sont plutôt maigres.

Les vins chers, qu'ont-ils de plus ?

Un vin très cher ne naît pas comme un vin ordinaire, ce qui signifie qu'il n'est pas le fruit du hasard et qu'il ne se fabrique pas tout seul. Produire un vin d'une qualité exceptionnelle coûte cher et c'est parce que cela coûte cher, que ce vin est onéreux !

Même minimes, ces disparités donnent des arômes différents au vin. Les prix des parcelles grimpent avec la qualité du vignoble. Celles qui sont dignes d'une reconnaissance propre sont très peu nombreuses et par conséquent très chères. Contrairement à la pénurie calculée des diamants, la rareté des très bonnes parcelles viticoles est réelle.

Au facteur du vignoble s'ajoute celui de la vigne. Lorsqu'elles sont vieilles, les vignes offrent un rendement moins important, mais de meilleure qualité. Les vignes vieilles reviennent plus cher, parce que le vigneron en tirera moins de vin. Attention à la mention vieille vigne sur certaines étiquettes, car il n'existe aucune norme définissant l'âge requis pour devenir une « vieille vigne ».

Autre différence de taille : la qualité du moût qui peut varier considérablement. Les moûts de goutte sont issus de raisins à peine écrasés ou du poids des raisins les uns contre les autres. Une fois le moût de goutte (le meilleur) écoulé, le raisin est pressuré pour faire sortir le jus restant. Ce moût de presse sert à la fabrication de vins de moins bonne qualité.

Le meilleur moût est ensuite placé dans les barriques en chêne. Là aussi, les détails comptent car tous les chênes n'ont pas la même valeur. En France, les plus réputés sont ceux de la Nièvre et de l'Allier. Un nouveau fût en chêne peut augmenter de plus de 5 F le prix de la bouteille. Après la période de fermentation et/ou de vieillissement dans les meilleurs fûts, le producteur choisit ceux dont il va faire ses meilleurs vins. Le restant, bien qu'excellent et cher, ne constituera que son deuxième vin.

La majorité des meilleurs vins sont élaborés pour vieillir plusieurs années en cave, soit en fût, soit en bouteilles. Il est clair que cette immobilisation des vins se ressent sur les finances et explique le prix plus élevé des bouteilles à la vente.

Les vins les plus réputés et les plus chers peuvent compter sur des acheteurs fidèles prêts à payer le prix fort. Ils réagissent cependant à toute baisse de qualité. Le vigneron est donc tenu d'assurer une qualité sans faille même si cela doit l'obliger à produire beaucoup moins les mauvaises années, voire rien les années noires.

Acheter et déguster un vin très cher

Si vous avez déjà eu l'occasion d'entrer chez un caviste, vous avez certainement jeté un coup d'œil à ces bouteilles au prix exorbitant en vous demandant bien comment quelqu'un de sensé pouvait mettre autant d'argent dans une bouteille de vin !

Il faut bien reconnaître que c'est très difficile à expliquer à un néophyte, un peu comme essayer de convertir un athée. Si vous n'avez jamais bu une bonne bouteille à 100 F, il est difficilement concevable de boire une bouteille valant plus de 500 F ! Imaginez que vous écoutez la musique d'un orchestre symphonique sur votre chaîne stéréo. Si le son vous paraît médiocre, vous allez acheter des haut-parleurs plus chers : vous venez de passer de la bouteille à 50 F à la bouteille à 100 F. Mais si vous écoutez ce même orchestre dans une salle de concert, vous sautez le pas et passez de la bouteille à 100 F à la bouteille à 500 F ! Pour les habitués des vins de qualité, acheter un grand vin correspond à l'achat d'un billet de concert pour un mélomane.

Attention, ce n'est pas parce que le son sera meilleur que vous aimerez plus la musique. Il en va de même pour le vin. Ce n'est pas parce que vous allez boire un vin de qualité que vous allez l'aimer davantage. Si vous êtes passionné de musique, le simple fait de pouvoir écouter votre morceau procure déjà un très grand plaisir.

Un mélomane espère autant d'un concert symphonique que celui qui s'apprête à déguster un vin à 500 F. Mais pour être en mesure d'apprécier quoi que ce soit, il est indispensable d'être détendu, réceptif et disposé à savourer pleinement le plaisir promis.

Puisque nous avons établi qu'il n'était pas nécessaire de justifier une dépense de 500 F pour une bouteille de vin, nous pouvons aborder l'étude de ces fameux vins chers.

En avril 1984, installés dans une chambre d'étudiant qui nous coûtait 1 200 F par mois à l'époque, nous nous sommes assis pour boire un grand cru, de Bourgogne La Tâche 1978 (1 000 F la bouteille pour ne rien vous cacher).

Le vin en valait-il la chandelle ? À un tel prix, le vin devient un article de luxe. Peut-être pensez-vous qu'il est préférable d'acheter six bouteilles à 150 F ou encore d'acheter six bouteilles à 50 F et de vous offrir la veste dont vous rêvez. Et pourtant, nous n'avions jusqu'à ce jour jamais éprouvé un tel plaisir à boire une bouteille de vin. Deux facteurs expliquent cela (trois en réalité si nous comptons le fait qu'aucun de nous n'eut à payer la bouteille !).

Le premier fut l'évolution stupéfiante du vin pendant l'heure qui s'est écoulée entre l'ouverture de la bouteille et la dernière gorgée. Juste après l'ouverture, le vin avait un goût assez âpre comme s'il était piqué. Au bout de cinq minutes, les arômes se sont dévoilés. Toutes les dix minutes environ, les sublimes arômes changeaient du tout au tout. Ce fut comme si nous avions goûté cinq ou six bons vins différents dans l'heure.

Le second facteur fut les arômes (ou plutôt les multiples arômes !) du vin. Une structure élégante des tanins ronds et un équilibre parfait. Un vin charnu plein en bouche soutenant une palette d'arômes nuancée : framboise, cerise, fumée, et café entre autres. La persistance aromatique de ce vin et la longueur en bouche était extraordinaire.

Un bon vin doit avoir une charpente (être solide sans être âpre), des composants équilibrés, de la complexité en bouche (pour pouvoir stimuler les papilles à un double niveau, sensuel et intellectuel), du corps (pour n'être ni trop épais, ni trop maigre). Les grands vins présentent toutes ces qualités mais, grâce à des constituants et des arômes d'un grand niveau de complexité et d'harmonie, ils atteignent des dimensions supérieures, inimaginables pour la plupart des non-initiés.

Pour continuer notre comparaison avec la musique, imaginez que les constituants d'un vin correspondent aux six instruments d'un d'ensemble. Il est possible de distinguer tous les instruments en écoutant et appréciant la musique à la fois dans sa globalité et dans ses entités.

Face à un orchestre symphonique, la tâche devient plus ardue, car vous avez tout un ensemble d'instruments, dont plusieurs éléments de même famille. Le son obtenu laisse une impression de plénitude et de volume, comme si vous passiez de la deuxième à la troisième dimension. Tous les violons jouent à l'unisson et, pourtant, le son produit est nettement différent de celui d'un instrument seul. On sent une densité sous-jacente, comme si l'on venait de remplacer un carré par un cube. C'est d'ailleurs à ce petit plus que les grands orchestres doivent leur existence. Comme pour un grand orchestre, les constituants d'un grand vin offrent une densité supplémentaire plus facile à savourer qu'à décrire.

Le vin sur Internet

Internet est une aubaine pour tous les amoureux du vin : ils y trouvent, en plus des publicités des producteurs, une mine d'informations détaillées, précises et gratuites ! Alors, pourquoi ne pas démarrer votre odyssée sur le Net ?

Internet pourrait devenir le premier endroit où l'industrie vinicole tente sérieusement de cibler la population des jeunes adultes. C'est un réseau bon marché et branché.

Acheter du vin sur Internet est maintenant possible, c'est même conseillé si vous voulez un vin du Zimbabwe, mais renseignez-vous sur le prix de la livraison et méfiez-vous des risques de mauvais traitements (températures inadaptées, manipulations dangereuses) au cours de l'acheminement. Vous pouvez aussi vous contenter de réunir toutes les informations possibles sur un bon vin puis l'acheter chez votre caviste habituel !

CHAPITRE 4
LES CÉPAGES

MIS EN BOUTEILLE PAR FIRST

PRODUCE OF FRANCE

12 % vol.

Qu'est-ce qu'un cépage ?

C'est une variété de vigne. À chaque terroir, chaque appellation, correspond un groupe de cépages défini par la réglementation. Le cépage qui sert à faire le vin est le facteur qui influe le plus sur le goût.

L'espèce botanique qui donne tous les cépages vinicoles classiques est le *Vitis vinifera* originaire d'Asie mineure. Plus d'un millier de cépages sont désormais plantés sur la planète. En France, plusieurs centaines de variétés sont cultivées. Chaque variété possède ses propres caractères.

Les cépages doivent être adaptés aux conditions régionales, le goût et la qualité du vin sont également influencés par le climat, la situation géographique et la nature du sol. Les cépages subissent donc l'influence du terroir, mais le savoir-faire du vigneron est un critère important et essentiel dans l'élaboration d'un grand vin de qualité.

De nombreux cépages sont désignés sous plusieurs noms : des synonymes selon les régions de production viticole.

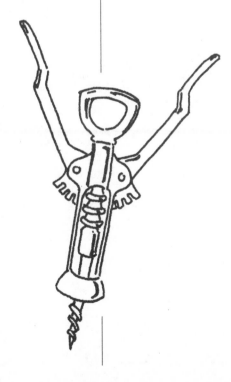

Les principaux cépages

Les cépages blancs

Aligoté
Altesse
Chardonnay
Clairette
Chenin blanc
Folle blanche
Furmint
Gewurztraminer
grenache blanc
Jacquère
Macabéo
Manseng
Marsanne
Mauzac
Melon-de-Bourgogne
Muscat blanc
Pinot blanc
Pinot gris
Riesling
Roussanne
Savagnin
Sauvignon blanc
Sémillon
Sylvaner
Ugni blanc
Viognier

Les cépages rouges

Cabernet-franc
Cabernet-Sauvignon
Carignan
Cinsault
Gamay
Grenache
Grolleau
Malbec
Merlot
Mondeuse
Mourvèdre
Nébbiolo
Petit Verdot
Pineau-d'anis
Pineau-meunier
Pinot noir
Sangiovese
Syrah
Tannat
Tempranillo
Touriga-francesa
Touriga-nacional
Zinfandel

Les cépages blancs

ALIGOTÉ

Cépage qui donne son nom à une appellation d'origine contrôlée : le bourgogne aligoté.

Il donne des vins acides, frais et pauvres en tanins. Souvent servi à l'apéritif, en kir, on le mélange avec de la crème de cassis.

Synonymes : Plant gris, Plant de trois raisins, Blanc de Troyes, Troyen blanc, Vert blanc, Giboudot blanc, Chaudenet gras, Carcairone blanc, Carchierone, Pistone.

ALTESSE

Cépage traditionnel de Savoie.
Il donne des vins parfumés, bien équilibrés en acidité et d'une grande fraîcheur.

Synonymes : Roussette, Mâconnais.

CHARDONNAY

Cépage de qualité destiné aux grands vins blancs secs de Bourgogne : " montrachet, meursault, corton-charlemagne… ". C'est également l'un des trois cépages principaux qui entre dans la composition du champagne.

Ces vins se distinguent par leur finesse, leur gras et leur puissance aromatique.

Ce cépage est utilisé dans le monde entier en raison de sa qualité.
Synonymes : Chardenet, Chardonnet, Chardenai, Chardenay, Chatenait, Chaudenay, Chaudenet, Arboisier, Beaunois, Noirien blanc, Rousseau, Roussot, Morillon blanc, Maurillon blanc, Auvergnat blanc, Épinette de champagne, Romeret, Lisant, Auxois, Petite sainte-Marie, Grosse bourgogne, Melon blanc, Melon d'Arbois…

CLAIRETTE

Cépage du sud de la France méridionale, il est cultivé dans la vallée du Rhône, dans les départements du Gard et de l'Hérault.

Le raisin est riche en sucre, ces vins ont tendance à madériser.

Synonymes : Blanquette, Petit blanc, Clairette blanche, Clerette, Cotticour, Muscade, Colle-musquette, Clairette verte, Clairette pointue…

CHENIN BLANC

Cépage vigoureux, originaire d'Anjou souvent dénommé Pineau de la Loire.

Produit des vins blancs moelleux et secs, de grande qualité, possédant une belle aptitude de garde.

Il donne des vins fruités, avec beaucoup de bouquet, dotés d'une acidité remarquable.

Synonymes : Pineau blanc, Verdurant, Blanc émery, Pineau de Vouvray, Pineau nantais, Confort, Blanc d'Aunis…

FOLLE BLANCHE

Cépage utilisé pour la distillation de l'armagnac et du cognac. Il produit également le gros-plant du pays nantais.

Les vins de Folle blanche sont peu alcooliques, toujours acides et d'une grande fraîcheur.

Synonymes : Gros-plant, Enragé, Bouillon, Plant-de-dame, Grais, Picpoul, Chalosse blanche, Rebauche, Damery, Folle-de-bordeaux, Mendic…

FURMINT

Cépage principal du tokay de Hongrie.

Les vins sont puissants, d'une saveur exceptionnelle.

Synonyme : Sipon.

GEWURZTRAMINER

Cépage d'Alsace qui donne son nom au vin. C'est un raisin aux baies roses très spécifiques. Ces vins sont très typés, aromatiques, épicés, le bouquet musqué possède un moelleux et un parfum plus ou moins puissant.

Synonymes : Savagnin rose aromatique, Traminer, Tramin, Mala dinka, Aromatico, Roter, Tramini pires…

GRENACHE BLANC

Cépage très répandu en France, originaire d'Espagne.

Il donne des vins corsés, riches, possédant une amplitude en bouche exceptionnelle.

Synonymes : Garnacho blanco, Garnacha blanca, Garnaxta.

JACQUÈRE

Cépage savoyard traditionnel, cultivé aussi dans l'Isère, l'Ain et la Loire.

Vins légers, peu alcooliques à consommer dans l'année.

Synonymes : Roussette, Redin, Buisserate, Cugnette, Plant-des-abymes-de-myans…

MACABEO

Cépage espagnol utilisé pour les vins mousseux. Il est répandu en France dans la vallée du Rhône, la Provence et le Roussillon pour la composition de vins doux naturels.

Vins frais, fruités, très peu acides.

Synonymes : Malvoisie, Macabeu, Lardot, Perpignan, Alcanol, Blanca del Daroca, Iloza…

MANSENG

Cépage cultivé dans le sud-ouest de la France. Il donne le légendaire jurançon. Vins aromatiques secs ou moelleux, ils possèdent une bonne acidité et une finesse remarquable.

Synonymes : Manseng blanc, Petit-mansenc.

MARSANNE

Cépage de la vallée du Rhône septentrionale, qui produit de grands vins blancs : hermitage, saint-joseph, chateauneuf-du-pape, crozes-hermitage, saint-péray…

Vins riches et gras, d'amplitude exceptionnelle qui peuvent rivaliser avec les grands vins blancs de Bourgogne.

Synonymes : Grosse-roussette, Ermitage, White Hermitage, Rousseau, Roussette-de-saint-péray…

MAUZAC

Cultivé dans le sud-ouest de la France, il sert à l'élaboration du gaillac et de la blanquette de Limoux.

Vins très typés au parfum de pomme.

Synonymes : Queue-roide, Pied-rond, Péron, Feuille-ronde, Blanc-lafitte, Caspre, Gaillac…

MELON-DE-BOURGOGNE

Cépage transplanté de Bourgogne dans le pays nantais. Il est surtout connu pour l'élaboration du muscadet. Cépage en expansion notamment en Californie. Il est très peu utilisé dans sa région d'origine.

Vins blancs, agréables, de couleur pâle, vifs et rafraîchissants.

Synonymes : Petit muscadet, Gamay blanc, Malin blanc, Pétouin, Melon musqué, Pourriseux, Blanc-de-nantes, Gros auxerrois…

MUSCAT BLANC

Le plus noble des muscats, appelé aussi muscat blanc à petits grains.

Cultivé sur les bords de la Méditerranée, il donne des vins doux naturels de grande qualité. Il s'exprime aussi par des parfums exubérants en Alsace.

Synonymes : Muscat de Frontignan, Muscat de Lunel, Muscat d'Alsace, Muscat de Die, Moscatel Galego, Muskuti, Muscat de Rivesaltes…

PINOT BLANC

Cépage qui donne sans doute ses meilleurs résultats en Alsace.

Vins blancs, fruités et équilibrés.

Synonymes : Beaunois, Chardonnay, Clevner…

PINOT GRIS

Cépage qui s'est très bien adapté en Alsace et qui s'exprime pleinement.

Vins blancs, riches et complexes, de grande qualité gustative.

Synonymes : Tokay d'Alsace, Tokay-pinot gris, Malvasia, Malvoisie, Auvernat grix, Auxerrois gris, Auxois, Pinot-beurot, Pinot-grigio…

RIESLING

Cépage allemand, noble en Alsace, qui donne son nom à l'appellation d'origine contrôlée.

Vin vif, au bouquet exceptionnel, nerveux et sec, très floral, il produit aussi des vins blancs surmaturés, " Les Vendanges Tardives ", intensément moelleux et élégants.

Synonymes : Raisin-du-rhin, Petit-riesling, Gentil aromatique, Pétracine…

ROUSSANNE

Cépage que l'on trouve dans la vallée du Rhône, qui produit des rares vins blancs tels que l'hermitage et le châteauneuf-du-pape.

Cépage de haute qualité, il est aussi utilisé en Savoie.

Vins aux arômes fleuris, bouquetés, miel, aubépine, abricot.

Synonymes : Bergeron, Barbin, Martin-Cot, Remoulette, Greffou, Picotin blanc, Courtoisie…

SAVAGNIN

Cépage qui donne le vin jaune du Jura. C'est à Château-Chalon qu'il a trouvé sa plus belle expression. On cultive aussi un Sauvagnin rosé en Alsace.

Vin doté d'une lente évolution, extrêmement typé, il se conserve longtemps. Un bouquet de noix le caractérise.

Synonymes : Savagnin jaune, Savagnin vert, Gentil blanc, Naturé, Fromenteau, Traminer, Servoignier…

SAUVIGNON BLANC

Cépage planté dans le centre de la France ainsi qu'à Bordeaux.

Il donne naissance au sancerre, au pouilly-fumé, au Pouilly-sur-loire. Répandu dans des régions plus chaudes, en association avec le sémillion, il compose les sauternes, le loupiac, le barsac, le bergerac, le sainte-croix-du-mont.

Vin reconnaissable à ses subtils arômes végétaux, il est aussi minéral, parfumé et d'un grand équilibre.

Synonymes : Blanc fumé, Sauternes, Surin, Fié, Savagnou, Rouchelin, Douce blanche, Sarvonien, Punéchon, Gennetin…

SÉMILLON

Principal cépage pour l'élaboration des grands vins blancs liquoreux bordelais : sauterne, barsac, loupiac… Cépage du Sud-Ouest, il s'exprime parfaitement tardivement.

Les vins blancs moelleux possèdent de nombreux arômes : la figue, le miel, l'acacia, l'abricot, le melon…

Synonymes : Sémillon muscat, Gros sémillon, Malaga, Chevrier, Colombier, Goulu blanc, Sémillon blanc, Sémillon roux…

SYLVANER

Originaire d'Autriche, ce cépage est largement cultivé à travers toute l'Europe centrale. En Alsace, c'est un grand classique.

Vins peu alcooliques, légers aux arômes d'agrumes.

Synonymes : Gros-plant du Rhin, Gros-rhin, Silvani…

UGNI BLANC

Cépage utilisé pour la distillation du cognac et de l'armagnac. Il est d'origine italienne et a trouvé sa place dans le sud de la vallée du Rhône, ainsi qu'en Provence.

Vins blancs légers, francs, frais et gouleyants.

Synonymes : Bouan, Beou, Rossola, Grédelin, Roussam…

VIOGNIER

Cépage unique qui produit les célèbres et superbes vins blancs secs et onctueux de condrieu, et de château-grillet dans la vallée du Rhône.

Vins blancs de grande qualité, parfumés, possédant une palette aromatique complexe : miel, pêche, abricot…

Synonymes : Vionnier, Petit vionnier.

Les cépages noirs

CABERNET-FRANC

Cépage bordelais, cultivé surtout dans le Libournais et de façon irrégulière dans le Médoc. Il donne d'excellents résultats à Saint-Émillion et à Pomerol.

Il a déjà gagné les faveurs des viticulteurs du monde entier, tant il est synonyme de grands vins rouges, lorsqu'il est assemblé à son compatriote, le cabernet-sauvignon.

Vins très aromatiques, parfois rustiques, très colorés et tanniques.

Synonymes : Bouchet, Breton, Petit-fer, Véron, Vidure, Cabernet gris…

CABERNET-SAUVIGNON

Cépage le plus noble de Bordeaux, d'une importance vitale pour les vins classiques du Médoc. Il est apprécié à travers le monde entier pour la grande qualité de son vin qui rappelle les grands crus bordelais.

Vins riches en arômes, belle extraction de couleur, d'une grande complexité et une osmose parfaite avec son vieillissement en fût de chêne développant des arômes de violette et de cassis.

Synonymes : Bouchet, Vidure, Petit-cabernet…

CARIGNAN

Cépage espagnol, le carignan demeure le premier cépage cultivé dans le sud de la France pour la production de vin de table.

La production de carignan est très variable selon la situation des vignobles.

Vins peu alcoolisés, astringents, ils présentent souvent une certaine amertume. Ils sont cependant colorés et charpentés.

Synonymes : Carignane, Bois-dur, Bois-de-fer, Plant d'Espagne, Catalan, Matoro, Girarde, Marocain, Karinjan…

CINSAULT

Cépage prolifique, cultivé surtout dans le sud de la vallée du Rhône et en Languedoc-Roussillon.

Vins d'une belle couleur, alcooliques, non dénués de moelleux, robustes et harmonieux.

Synonymes : Plant d'Arles, Bourdelas, Cinq-saou, Prunellas, Salerne, Cuvillier, Pousse-de-chêvre, Papadou…

GAMAY

Cépage célèbre du Beaujolais auquel la vignification par macération carbonique donne une saveur caractéristique. Il est présent dans la plupart des départements viticoles.

Vins frais évoquant les fruits rouges, pauvres en tanins aux arômes exotiques parfois.

Synonymes : Gamay noir à jus blanc, Bourguignon noir, Gamay d'Auvergne, Plant de Magny, Lyonnaise, Plant-de-la-treille…

GRENACHE

Cépage de grande qualité pour l'élaboration des grands vins de Bandol, des coteaux du Languedoc, des banyuls, des rivesaltes ou des crus de la vallée du Rhône.

Vins riches, alcoolisés, puissants, dotés d'une belle structure et d'une grande concentration aromatique.

Synonymes : Alicante, Roussillon tinto, Garnacho, Aragon, Tinto aragonès…

GROLLEAU

Cépage prolifique, il produit de jolis vins rosés dans la vallée de la Loire. Il est uniquement utilisé en France.

Vins vifs, tranquilles ou mousseux.

Synonymes : Grolleau de Touraine, Pineau-de-saumur, Plant-mini, Gloire-de-tour, Franc noir, Groslot…

MALBEC

Cépage traditionnel à Cahors et dans le sud-ouest de la France, il est employé dans les assemblages bordelais.

Vins colorés et tanniques d'évolution relativement lente.

Synonymes : Côt, Pied-rouge, Pied-de-perdrix, Côte-rouge, Parde, Balouzat, Nègre doux, Calavu, Calarin, Chalosse, Petite noire, Gourdoux, Quillot, Jacobin, Auxerrois, Périgord…

MERLOT

Cépage assez vigoureux majoritaire dans les pomerols et à Saint-Émilion.

C'est le principal cépage du très célèbre pétrus, grand cru de Pomerol.

Il se plante désormais dans le monde entier.

Vins possédant une intensité colorante importante, souples, savoureux, de belle évolution.

Synonymes : Sémillon rouge, Médoc noir, Petit-merle, Bigney rouge, Vitraille, Plant-médoc…

MONDEUSE

Cépage classique savoyard, on le trouve également en Suisse, en Californie, en Australie, en Argentine et en Yougoslavie.

Vins fruités et légers relativement aromatiques.

Synonymes : Molette noir, Terrano, Grand-picot, Refosco, Gros-rouge-du-pays, Grosse-syrah.

MOURVEDRE

Cépage provençal d'excellente qualité, répandu dans toute la vallée du Rhône, dans le midi de la France, ainsi qu'en Espagne.

Vins rouges structurés, riches, puissants, très parfumés et de longue garde. Ses arômes sont opulents et sa charpente solide.

Synonymes : Catalan, Négrette, Balzac, Balthazar, Charmet, Piémontais, Bénadu…

NEBBIOLO

Cépage célèbre pour le barolo qu'il produit. Il compose la grande palette des grands vins italiens.

Synonymes : Pugnet, Spanna, Picoutener, Nebbiolo Lampia…

PETIT-VERDOT

Cépage utilisé dans le Bordelais pour sa maturation tardive, il donne de l'équilibre dans les assemblages des vins.
Vins tanniques avec une grande longévité et du caractère quand ils sont bien mûrs.

Synonymes : Carmelin, Verdot rouge, Petit-verdau…

PINEAU-D'AUNIS

Cépage cultivé dans la vallée de la Loire pour l'élaboration du rosé d'Anjou.
Vins acides et très aromatiques.

Synonymes : Plant-d'aunis, Chenin noir, Pineau rouge, Côt-à-queue-rouge.

PINOT-MEUNIER

Cépage important en Champagne. Il est vinifié en blanc.
Vins fruités dans leur jeunesse, d'expression aromatique immédiate, belle acidité.

Synonymes : Gris-meunier, Auvernat gris, Plant-de-brie, Frésillon, Noirien-de-vuilla-pans…

PINOT NOIR

Cépage à l'origine des grands vins rouges de Bourgogne : chambertin, Clos-de-vougeot, Nuits-saint-georges, Pommard, Volnay, Romanée-conti…
C'est aussi l'un des trois cépages Champenois.
Vins suaves, riches en bouche, agréables et soyeux.

Synonymes : Maurillon, Plant doré, Plant-de-cumières, Bourguignon noir, Auvernat noir, Orléans, Plant-noble, Petit noir, Berligout…

SANGIOVESE

Cépage célèbre pour l'élaboration du chianti.

Synonymes : Brunello, Calabrese, Nerino, Morellino…

SYRAH

Cépage exceptionnel qui compose les grands crus de la vallée du Rhône : Côte-rotie et hermitage.
Ce cépage entre aujourd'hui dans l'assemblage de plusieurs appellations du Languedoc-Roussillon et du Rhône.
Vins intenses, concentrés, riches, tanniques, très parfumés, rappelant la violette.

Synonymes : Schiras, Syra, Serine, Shiraz, Entournerin, Candive, Marsanne noir…

TANNAT

Cépage originaire du Pays basque qui entre dans la composition du madiran et de l'irouléguy. Il est aussi utilisé à Cahors.

Vins tanniques et typés, ils sont solides et possèdent un parfum qui rappelle la framboise.

Évolution lente, ils demandent plusieurs années de vieillissement.

TEMPRANILLO

Cépage le plus important de Rioja, où il est d'usage d'employer plusieurs cépages.

Vins de très longue garde, fins et complexes.

Synonymes : Aragonez, Cencibel, Tempranilla, Tinto de Toro…

TOURIGA-FRANCESA

Cépage classique du porto.

TOURIGA-NACIONAL

C'est le meilleur cépage destiné à l'élaboration du porto, de tout le Douro.

Vins d'une grande richesse, tanniques, extrêmement fruités et de longue garde.

Synonyme : Touriga.

ZINFANDEL

Cépage que l'on trouve dans le sud de l'Italie ou en Californie.

Synonymes : Primitivo, Zingarello.

Les cépages de France

Régions	Les vins rouges	Les vins blancs
Alsace	Pinot noir	Riesling, Gewurztraminer, Pinot gris (tokay), Pinot blanc, Sylvaner, Chasselas, Muscat
Beaujolais	Gamay	Chardonnay
Bordeaux	Cabernet-sauvignon, Cabernet-franc, Merlot, Petit-verdot	Sauvignon, Sémillon, Muscadelle
Bourgogne	Pinot noir	Chardonnay, Alligoté
Champagne		Chardonnay, Pinot noir, Pinot-meunier
Corse	Sciacarello, Nielluccio, Grenache	Malvoisie ou Rolle
Jura	Poulsard, Trousseau	Savagnin, Chardonnay

Les cépages de France

Régions	Les vins rouges	Les vins blancs
Languedoc-Roussillon	Carignan, Grenache, Cinsault, Syrah, Mourvèdre, Vin doux naturels, Banyuls, Rivesalte, Maury : Grenache	Clairette, Ugni blanc, Grenache blanc, Picpoul, Bourboulenc, Macabeu, Muscat
Provence	Grenache, Mourvèdre, Syrah, Carignan, Cinsault	Clairette, Rolle ou Vermentino, Bourboulenc, Ugni blanc
Savoie	Mondeuse	Jacquère, Altesse, Bergeron, Gringet
Sud-Ouest	Tanat, Cabernet, Côt, Négrette, Duras, Fer-servadou ou Brocol ou Mansoi, Abouriou, Colombard	Gros-manseng, Petit-manseng, Mauzac, l'En-de-l'Elh, Arrufiat, Ondenc, Sauvignon, Muscadelle, Courbu
Vallée de la Loire	Saumur, Saumur-champigny, Chinon, Bourgueil : Cabernet-franc, Sancerre, Ménetou-salon, Reuilly : Pinot noir Anjou, Touraine : Cabernet-franc, Gamay, Cot, Grolleau	Muscadet : Melon-de-bourgogne, Quarts-de-chaume, Bonnezeaux, Coteaux-du-layon, Coteaux-de-l'aubance, Savennière, Saumur, Jasnières, Vouvray, Montlouis : Chenin blanc (pineau-de-loire), Pouilly-fumé, Sancerre, Ménétou-salon, Quincy, Reuilly : Sauvignon
Vallée du Rhône	Côte-rôtie, Saint-joseph, Hermitage, Crozes-hermitage, Cornas : Syrah, Girondas, Côtes-du-rhône, Coteaux-du-tricastin, Côtes-du-ventoux, Côtes-du-lubéron : Grenache, Syrah, Mourvèdre, Cinsault Châteauneuf-du-pape : Grenache, Syrah, Mourvèdre, Muscardin, Vaccarèse, Counoise, Picpoul, Cinsault, Clairette, Bourboulenc, Terret noir, Picardan, Roussanne	Château-grillet, Condrieu : Viognier Saint-joseph, Saint-péray, Hermitage, Crozes-hermitage : Roussanne, Marsanne Châteauneuf-du-pape : Grenache blanc, Roussanne, Bourboulenc Clairette-de-die, Muscat de Beaumes-de-Venise : Muscat Côtes-du-rhône : Clairette, Roussanne, Marsanne

CHAPITRE 5

LES VINS POUR LES OCCASIONS SPÉCIALES

MIS EN BOUTEILLE PAR FIRST

12 % vol.

PRODUCE OF FRANCE

Les vins effervescents

LE CHAMPAGNE

" Venez voir, je bois des étoiles ! "

Voilà, selon la légende, ce que Dom Pérignon déclara lorsqu'il but du champagne pour la première fois. Synonymes de frivolité et de joie, termes rarement associés à la dégustation de vins, les bulles du champagne et des vins pétillants en font des vins à part. Depuis fort longtemps, le champagne est la boisson quasi incontournable des grandes cérémonies comme le nouvel an, les mariages, les victoires sportives, etc. Ceux

qui ne boivent jamais d'alcool boivent généralement du champagne à ces occasions-là. Pourtant, le champagne et les vins mousseux ne sont pas uniquement des vins de fête. Il en existe de qualités différentes, à tous les prix, et l'on peut les marier comme n'importe quel autre vin avec un bon plat.

Le processus de fabrication du vin effervescent est identique à celui du vin blanc. Le changement survient après la première fermentation alcoolique. Le vin blanc sec, auquel on ajoute des levures et du sucre, est placé en bouteilles ou en tonneaux, pour subir une seconde fermentation qui produit une grande quantité de dioxyde de carbone (les bulles). Le vin blanc d'origine est maintenant gazéifié et possède les arômes complexes qui se développent au cours de la seconde fermentation.

Dans la méthode champenoise, cette seconde fermentation se déroule une fois que le vin a été mis en bouteilles, et que celles-ci sont bouchées et munies d'un muselet. La bouteille doit alors être capable de résister à une pression de 6 kg. L'alcool détruit les levures qui sont ôtées avec beaucoup de précautions par remuage et dégorgeage. La bouteille est ensuite rebouchée. Cette méthode est la meilleure, mais elle exige beaucoup de main-d'œuvre.

Les meilleurs vins effervescents du monde viennent de Champagne et sont produits selon la méthode champenoise. Seuls ces vins ont le droit à l'appellation champagne.

Malheureusement, le terme de champagne est devenu très commun et des vins effervescents bon marché venus des États-Unis, du Canada et d'Australie peuvent, en toute légalité, prendre le nom de champagne, au grand dam des producteurs français. Le traité de Versailles a cependant interdit aux Allemands de s'approprier cette appellation, et les lois françaises sur l'étiquetage sont appliquées dans les pays membres de l'Union européenne.

Les vins effervescents doivent être servis bien frais. Les amateurs de champagne préfèrent néanmoins le servir légèrement moins frais pour pouvoir respirer les arômes particuliers du champagne.

LE CHAMPAGNE ROSÉ

Les meilleurs vins effervescents, champagne compris, sont issus du Chardonnay et de raisin noir (pinot noir et pinot-meunier). Le champagne rosé (ou brut rosé) s'obtient en laissant les peaux des grains noirs donner une teinte légère au moût. Comme pour les vins, la gamme de prix des champagnes rosés est très large. Outre la Champagne, région où sont produits les meilleurs vins effervescents du monde, la Californie possède un climat propice à la culture du pinot noir, cépage de base des bruts rosés. Les plus corsés d'entre eux sont d'ailleurs assez puissants pour accompagner des plats de viande comme le bœuf ou le gibier qui s'accommodent généralement de vins rouges.

LES MOUSSEUX DOUX

Ceux qui n'aiment pas les vins de table secs apprécient souvent deux types de vin : les vins doux (c'est-à-dire des vins à la saveur sucrée) et les mousseux. Les mousseux doux représentent donc la réunion parfaite des deux ! La saveur sucrée est généralement due à la grande quantité de sucre ajouté – après le retrait des levures, à la fin de la seconde fermentation, on ajoute au moins un peu de sucre aux mousseux. Les mousseux doux, généralement appelés « demi-sec », peuvent se boire seuls, même s'ils accompagnent bien de nombreux desserts.

Les vins blancs liquoreux

Le vins liquoreux sont des vins blancs très doux qui présentent la plupart du temps une riche couleur dorée. Dans la majeure partie des cas, le sucre résiduel de ces vins provient de la « pourriture noble », *Botrytis cinerea*, un champignon qui reste sur les grains de raisin flétris. Cette « pourriture » est très bénéfique puisqu'elle extrait l'eau des grains, ajoutant des arômes complexes. Le moût obtenu présente une très forte concentration de sucre qui ne seront pas tous convertis en alcool lors de la première fermentation. Le Botrytis permet l'élaboration de certains des meilleurs vins blancs liquoreux de France (sauternes, barsac, monbazillac) et d'ailleurs (tokay de Hongrie, auslese, beerenauslee et trockenbeerenauslese d'Allemagne). Les autres types de vins liquoreux sont obtenus à partir de grains trop mûrs qui contiennent tout naturellement un fort taux de sucre.

La fermentation des moûts très concentrés en sucre peut produire un volume élevé d'alcool. Le sucre joue aussi un rôle de conservateur, et les vins liquoreux se bonifient en bouteilles pendant plusieurs années. Contrairement à la plupart des vins blancs secs, ces vins peuvent se conserver plusieurs jours après ouverture. Ils se boivent frais (10 °C environ).

En fin de repas, il est préférable de servir les vins liquoreux seuls, car ils sont souvent trop doux pour accommoder un dessert. En réalité, ils accompagnent à merveille certains plats comme le fois gras et se boivent aussi volontiers en apéritif.

Attention cependant aux confusions : hors de l'Europe, le terme liquoreux peut s'appliquer aussi à un vin muté (vin dont la fermentation a été interrompue par adjonction d'alcool), que l'on appelle en France vin doux naturel ou vin de liqueur.

Botrytis cinerea (la pourriture noble)

Dans certaines régions, on ne récolte pas les grains arrivés à maturité pour qu'un champignon, *Botrytis cinerea*, puisse se développer. Contrairement au phylloxéra, la pourriture noble est désirée et contrôlée. L'action de ce champignon est très simple : il provoque la déshydratation des grains de raisin sur le cep. Moins riches en eau, les grains deviennent plus concentrés et plus sucrés. Le jus obtenu après récolte est très épais et fortement chargé en sucre. Les grains présentent alors des arômes plus complexes qui complètent la douceur des vins. Les vins liquoreux sont des vins doux et épais.

En France, les vins liquoreux viennent de la région de Sauternes et portent le nom de la région de production. Les vins liquoreux allemands les plus convoités sont produits dans les vignobles du Rhin et de la Moselle. C'est dans ces deux pays que sont élaborés les meilleurs vins liquoreux. Il existe également d'autres régions ou pays producteurs comme la Californie, l'Autriche, la Hongrie et l'Australie. Tous utilisent une vendange botrytisée, c'est-à-dire infestée par la forme la plus bénéfique de *Botrytis cinerea..*

Les vins de liqueur

Également appelés vins doux naturels, les vins de liqueur se divisent en quatre grandes catégories : le porto, le xérès, le madère et le marsala ; le porto et le xérès étant les plus communément bus. Les deux autres sont davantage utilisés comme vins pour la cuisine. Les vins de liqueur sont des vins auxquels on a ajouté de l'alcool, habituellement de l'eau-de-vie. Le pourcentage par volume passe alors de 10°-14° à 18°-20°.

Si l'eau-de-vie est ajoutée après la fermentation, on obtient un vin de liqueur sec (sans sucre résiduel), si l'adjonction intervient dans un vin partiellement fermenté (on parle alors de vin muté), le vin obtenu sera doux, car l'eau-de-vie arrête la transformation des sucres. L'éventail des vins de liqueur est très large puisqu'il englobe aussi bien des vins très secs comme les finos (xérès) que des vins riches et doux comme les portos ou les madères. Les quatre types de vin de liqueur ont une longue histoire comme tout ce qui touche au monde du vin.

LE PORTO

Le porto est un vin de liqueur portugais originaire de la ville du même nom, à l'embouchure du Douro. Il est très prisé des amoureux du vin rouge qui apprécient tout particulièrement sa capacité à se bonifier en bouteilles pendant de longues années.

On distingue plusieurs types de porto dont les principaux sont le vintage, le tawny et le ruby. Le porto vintage, le plus cher, est également celui dont la production est la plus facile (tant que la nature veut bien y mettre du sien !). Il correspond au vin de qualité supérieure. Le tawny (le porto « fauve »), qui doit son nom à la couleur de sa robe, est le résultat d'un long vieillissement en fûts. Le ruby, enfin, à la robe vive convient parfaitement aux néophytes et à la grande cuisine.

Le porto est en fait un assemblage de cépages de la chaude vallée du Douro (Portugal), principalement rouges, que l'on laisse atteindre un stade de maturité extrême. Le Souzão fruité, les diverses tintas à la couleur sombre, la tinta-cão, la tinta-francisca, la touriga-nacional et la touriga-francesa sont assemblés avec d'autres variétés. Le Portugal produit également un porto blanc, issu du donzelinho, de l'esganacão, de la malvasia-fina et du códega. Tous les portos rouges naissent en tant que moûts de ces variétés dont on interrompt la fermentation à mi-chemin avec de l'eau-de-vie. La moitié du sucre n'est donc pas fermentée, ce qui donne un vin doux. Le porto commence ensuite sa vie dans une « pipe », le nom local du tonneau, qui a une capacité d'environ cinquante-six douzaines de bouteilles.

Le porto vintage

Après deux années passées en barrique, un porto peut se voir décerner l'appellation de porto vintage avec l'accord de la plupart des producteurs de porto s'il fait preuve d'une qualité suffisante. Le vintage est ensuite mis en bouteilles, puis à vieillir pendant au moins une dizaine d'années. Ce sont les seuls portos qui vieillissent en bouteilles. Comme ils se bonifient pendant très longtemps, souvent plusieurs dizaines d'années, ils déposent au fond de la bouteille une quantité importante de lie.

Le fin du fin pour les Britanniques est le mariage Stilton (fromage à pâte persillée) et porto. En France, le porto est surtout apprécié en apéritif.

Le tawny

À l'inverse du vintage qui est mis en bouteilles dans sa jeunesse, le tawny peut rester en barrique pendant dix, vingt, voire trente ans. Le terme « Tawny », qui signifie fauve en anglais, est dû à la teinte cuivrée que prend le vin après tant de temps passé en tonneau où l'oxydation se fait plus facilement qu'en bouteilles. Avec le volume important d'alcool qui empêche la formation de vinaigre, l'oxydation dans ce cas améliore le goût à long terme. Les arômes fruités de la jeunesse évoluent en arômes plus moelleux et plus complexes, et le porto devient, en apparence, moins doux.

L'élaboration du tawny requière bien plus de qualités d'assemblage que celle du vintage. La plupart des tawnys sont des assemblages de portos de diverses années choisis pour leur complémentarité.

Le ruby

Le ruby, appelé ainsi en raison de sa couleur pourpre, est un assemblage de portos plus jeunes. Une fois de plus, tout l'art consiste à élaborer un délicieux porto en effectuant les bons assemblages.

Les arômes sans détour du ruby en font un porto idéal pour la cuisine. Si vous n'avez encore jamais goûté de vin de liqueur, le ruby est excellent.

LE XÉRÈS

Comme les autres types de vin de liqueur, le xérès (sherry pour les Anglais) doit sa popularité aux Britanniques. C'est un vin produit dans la région de Jerez de la Frontera (au sud de l'Espagne, dans la province de Cadix).

Le xérès est élaboré à partir d'un vin sec issu du palomino. Moins apprécié que le porto par les amateurs de vin, le xérès pâtit de son manque de complexité. Il est donc souvent ignoré et vendu en dessous de sa valeur. Pourtant, ce type d'alcool est un excellent substitut à de nombreux alcools forts :

- Servi bien frais, le fino remplace un Martini.
- Après le repas, offrez plutôt un oloroso sec au lieu d'un cognac.
- Remplacez les liqueurs douces par un cream (assemblage d'oloroso sec et de pedro-ximénez doux).

À l'inverse du porto, et surtout du vintage, considéré par les consommateurs très similaire aux vins fins, le xérès de qualité est perçu par beaucoup comme un produit manufacturé plus proche des liqueurs que du vin. Et pourtant, les processus de vieillissement, de mutage et d'assemblage sont nettement plus compliqués pour le xérès que pour le vintage.

L'élaboration du xérès

Tous les xérès voient le jour dans les chauds vignobles du sud de l'Espagne. C'est ici que le palomino, un cépage uniquement utilisé pour la production du xérès, est transformé en un vin sec tranquille, le mosto. Muté avec de l'eau-de-vie jusqu'à 15 % vol., le mosto vieillit ensuite au contact de l'air. Curieusement, l'air ne détruit pas ce vin, comme il le ferait de la plupart des autres, mais le bonifie. Dans la majorité des tonneaux (mais pas dans tous), un coussin de levures se développe, formant un voile blanc à la surface du vin : c'est la flor.

Dans les fûts où la *flor* est très développée, le vin sous la couche se trouve protégé de l'oxydation et garde une teinte paille claire. Les levures donnent également des arômes au vin et contribuent à sa concentration d'alcool. Le xérès produit est généralement qualifié de fino et deviendra par la suite l'un des trois types de xérès clairs ; le fino lui-même, le manzanilla ou l'amontillado.

Les fûts où la *flor* s'est peu (ou pas) développée produisent un xérès appelé oloroso (qui signifie parfumé). Il est plus foncé, plus oxydé, avec un parfum puissant, très perceptible au nez. Dans la famille des olorosos, on trouve, l'oloroso lui-même, l'amoroso doux ou le cream très doux. Le palo cortado, beaucoup plus rare, se situe entre l'amontillado et l'oloroso. Il développe un voile de flor au fur et à mesure de son évolution et présente les qualités de finesse des finos et des olorosos.

Étant donné, pour les finos, que l'alcool est concentré dans la flor, ces vins subissent un mutage ou non, en fonction des demandes des pays importateurs. En Espagne, le fino n'est généralement pas muté et il est possible de le trouver à 16 % vol. Ce volume ne permet pas de conserver le vin indéfiniment une fois la bouteille ouverte.

Plus ambrés, les olorosos subissent souvent un second mutage qui élève le degré alcoolique à 18°-20°. Ces vins ont pour cette raison une vie plus longue après ouverture.

La solera, méthode de vieillissement du xérès par laquelle les vins s'assemblent, est unique. Tous les fûts sont reliés entre eux afin d'assembler des vins d'années différentes. Ils sont répartis sur plusieurs niveaux, les plus âgés en bas et les plus jeunes au niveau supérieur. Au moment de la mise en bouteilles, les vins sont tirés du niveau inférieur. Puis, le vin parti est remplacé par un vin de l'étage immédiatement supérieur et ainsi de suite jusqu'au dernier étage. Les vins plus âgés sont alors rafraîchis au contact des plus jeunes. Il ne peut donc pas exister de millésimes. On trouve parfois une année sur l'étiquette des vins les plus chers. Il s'agit souvent du millésime du xérès le plus âgé de l'assemblage qui peut dépasser un siècle !

LES DIFFÉRENTS TYPES DE XÉRÈS

Les vins de la famille des finos

Le *manzanilla* est un style de fino clair et sec élaboré uniquement à Sanlúcar de Barrameda. Il se distingue par une note salée due à son vieillissement en fûts près de la mer. L'idéal est de le servir accompagné de tapas.

Le *fino*. Le terme de fino représente à la fois les vins protégés par la flor et l'un des vins de ce groupe. Le fino est un vin sec à la robe claire. Il se sert frais, comme apéritif, au cœur de l'été.

L'*amontillado*. Rendu célèbre par une nouvelle d'Edgar Poe *La Barrique d'amontillado*, ce xérès se reconnaît à son goût de noisette et à sa teinte légèrement ambrée qui se développent avec l'âge. Comme les autres finos, il se boit en apéritif, mais une température ambiante lui convient mieux. Si les finos à la robe claire se dégustent de préférence en été, l'amontillado est davantage un apéritif d'automne avec ses arômes plus riches et sa couleur plus sombre.

Les vins de la famille des Olorosos
L'*Oloroso*. Terme qui, comme celui de fino, fait à la fois référence à une famille de vins et à un vin au sein de cette famille. L'oloroso est un vin plus ambré et plus oxydé. Il a aussi la réputation d'être plus doux, mais c'est uniquement parce qu'on lui a ajouté du *vino dulce*. Il ne développe pas de voile de *flor*. Un bon oloroso doit être sec, corpulent, riche en arômes et présenter une robe acajou.

L'*amoroso*. L'amoroso sec est parfois adouci par l'adjonction de vin doux concentré élaboré à partir de moscatel et de pedro-ximenez. Cet assemblage produit un vin idéal après le repas. Comme l'oloroso, l'amoroso peut être foncé par l'adjonction d'un vin (colorant) spécialement préparé.

Le *cream*. Le plus doux des xérès et certainement le plus coloré, le cream a vu le jour à Bristol, en Angleterre. Il est (notamment le Harvey's Bristol, le plus réputé) agréable à boire après le repas.

LE MADÈRE ET LE MARSALA
Si le porto et le xérès sont des alcools appréciés en tant que boissons, le madère et le marsala sont surtout utilisés pour la cuisine. Si vous appréciez les deux premiers, il n'y a pas de raison pour que vous ne goûtiez pas les deux autres.

LE MADÈRE
Madère est une petite île portugaise de l'océan Atlantique située au large de la côte ouest de l'Afrique qui produit un vin de liqueur du même nom. Les vins de bas de gamme sont utilisés pour la cuisine, les plus fins étant réservés aux cocktails. La production et l'exportation de madère existent depuis longtemps puisque les premiers colons américains buvaient et importaient du marsala. C'est d'ailleurs au XVIIe siècle, au cours d'un voyage dans un cargo surchauffé, que l'on découvrit les bienfaits de la chaleur sur le vin. Depuis lors, le madère est chauffé en cours d'élaboration !

Le madère, qui a une robe légèrement brune, est soit sec, soit doux. Les plus connus sont le sercial, le verdelho, le bual et le malmsey. Si aucun de ces noms ne figure sur l'étiquette, sachez que votre madère est un vin de bas de gamme.

Si vous avez envie de découvrir les différents types de madère, essayez de comparer un sercial clair à un sombre malmsey et faites votre choix. Le meilleur madère a souvent plusieurs dizaines d'années. N'hésitez pas, c'est un plaisir rare !

Le terme malmsey est une déformation anglaise de malvasia. Tous les madères appelés malmsey sont en fait issus d'un cépage, le malvoisie.

LE MARSALA

Marsala est une ville de l'extrême ouest de la Sicile qui a donné son nom au vin de liqueur qu'elle produit. Vin à la robe brune, le marsala est issu du catarralto, un cépage local dont les grains ont une peau verte. Une fois récoltés, les grains sont séchés avant la fermentation, ce qui a pour effet d'augmenter le taux de sucre. Après le mutage, le marsala est souvent adouci et foncé par adjonction de sirop de raisin. Le vieillissement en tonneaux donne du moelleux à ses arômes.

De tous les vins de liqueur, le marsala est celui qui est le moins recherché comme boisson. Il est donc préférable de le garder pour aromatiser les desserts, par exemple. Il existe deux grandes catégories de marsala : le doux et le sec, toutes deux se prêtant parfaitement à la cuisine.

LES VINS DE LIQUEUR À ESSAYER

1. *Le fino très sec.* Tio Pepé (Espagne) est le producteur à ne pas rater. Servir frais avec des gâteaux apéritif.

2. *L'amontillado.* Savory & James, un producteur espagnol, devrait vous ravir. À boire seul ou accompagné d'amuse-gueules. Il a un goût de noisette et dégage une odeur de forêt d'automne.

3. *Le porto vintage.* Smith-Woodhouse, Dow's Croft et Quinta do Noval sont nos trois producteurs préférés. Le vintage est un millésimé qui coûte nettement plus cher que les autres types de porto.

4. *Le tawny.* Taylor-Fladgate et le Château Reynella Tawny (Australie) sont nos deux préférés. Mi-porto mi-xérès, le porto australien est idéal avec des fromages tels que l'emmental.

5. *Bual madère.* Cossart's (à Madère) est un excellent producteur. Le bual madère est doux (mais pas trop) et parfait pour la cuisine et à l'apéritif.

6. *Malmsey madère.* Là encore, Cossart's est vivement recommandé. Le malmsey est doux, riche et a un goût de noisette. Excellent digestif.

7. *Marsala sec ou doux.* Meilleur producteur : Florio (Sicile). Vin principalement utilisé pour la cuisine.

8. *Late Bottle Vintage (LBV).* Il s'agit tout simplement d'un vintage mis en bouteilles tardivement (après un séjour de quatre à six ans dans des fûts en bois).

9. *Croft Late.* Tawny millésimé. Il rappelle un excellent porto vintage, mais son prix est nettement plus abordable.

Le vin casher

Sur le continent américain, le vin juif était à l'origine issu du concord, un cépage acide adouci par adjonction de sucre. Inutile de dire qu'il était plutôt mauvais !

Aujourd'hui, la Californie mais aussi la France, l'Italie et Israël produisent des vins cashers issus du cabernet-sauvignon et du chenin blanc.

Dans toutes les religions, le vins de cérémonie sont des vins rouges, les blancs étant pratiquement inexistants. Même si cela reste encore vrai, il existe des blancs cashers. Les baron-herzog de Californie sont de bons vins cashers. Les caves de Weinstok produisent également de bons vins cashers et notamment un zinfandel blanc. De nombreuses régions de France produisent des vins cashers comme le Bordelais avec le château-grillon et la Bourgogne, domaine Georges Dubœuf.

Selon la règle juive, seuls les juifs observant le sabbat ont le droit de toucher physiquement le vin. Dès que la bouteille a été ouverte, le vin est touché. Pour qu'un vin reste casher une fois qu'il a été touché par un non-juif (goy) ou un juif qui n'observe pas le sabbat, il doit être pasteurisé (c'est-à-dire bouilli). C'est un procédé qui remonte au temps où l'on veillait à ce que les vins produits pour les cérémonies religieuses ne soient pas utilisés pour les rituels païens.

Autre trait particulier au vin : le matériel utilisé pour la production de produits cashers n'est utilisé qu'à cette fin. De même, tout ce qui est ajouté au vin au cours de son élaboration (levures, anhydride sulfureux) doit aussi être casher. Pour la Pâque juive, les vins cashers ne doivent pas impérativement être des vins pasteurisés. Ceux-ci sont surtout faits pour les juifs qui observent le sabbat et les règles sabbatiques toute l'année. Toutes ces pratiques liées à la consommation du vin visent à conserver sa pureté originelle.

10 trésors moins connus

1. LE MOSCATO D'ASTI (BLANC ITALIEN)

Inimitable ! Il n'existe tout simplement rien de semblable ! Son goût rappelle celui du gâteau de noces italien. Légèrement pétillant, il a un degré alcoolique faible (5,5 % vol.) et agréablement doux. Il accompagne aussi à merveille les fruits.

2. LE RIESLING ALLEMAND

Les rieslings, dans leur majorité, sont moins doux que l'on peut le penser. Ils se marient formidablement bien avec des plats épicés. Cherchez les vins portant le mot Frocken (sec) sur l'étiquette. Attention, en revanche, à ceux portant la mention Halbtrocken (demi-sec) à moins que vous ne cherchiez un vin plus doux.

3. LES ASSEMBLAGES SHIRAZ/CABERNET-SAUVIGNON D'AUSTRALIE

Ces vins sont nettement plus connus que les autres trésors présentés ici. Il est même très difficile de trouver un mauvais vin de ce type. Ces deux cépages puissants livrent ici toutes leurs qualités. Les vins se boivent seuls, pour eux-mêmes. Le shiraz/cabernet est un assemblage exclusif à l'Australie, mais cet exemple devrait rapidement être suivi.

4. LE PINOT NOIR DE L'OREGON

Délicat et léger, ce pinot ressemble aux bons pinots noirs français.

5. LE MALBEC ARGENTIN

Selon les rumeurs, le malbec serait le vin du futur. Il ressemble aux très populaires merlots tant pour ses arômes que pour sa douceur, mais il est nettement moins connu et moins cher.

6. LES VINS PÉTILLANTS DE CALIFORNIE

Délicieux, ces vins restent cependant beaucoup moins connus que leurs versions françaises.

7. LES BLANCS D'ALSACE

Vins qui se développent splendidement sur le sol alsacien, les rieslings sont souvent ignorés des amateurs de vins qui leur préfèrent les chardonnays.

8. LE PORTO

Excellent moyen d'asseoir à une même table les amateurs d'alcool fort et les amateurs de vin. C'est un bon vin qui, en prime, a du punch ! Smith-Woodhouse et Dow's sont deux producteurs fortement recommandés. Une très bonne demi-bouteille équivaut, en prix, à une bonne bouteille entière.

9. LES ROUGES DU PORTUGAL

La demande de vins rouges portugais n'est pas très forte en France. Même si vous ne connaissez pas les cépages et que vous avez l'impression de choisir dans le brouillard le plus complet, essayez quelques vins de milieu de gamme. Vous pouvez tomber sur une perle rare.

10. LES VINS DU LANGUEDOC-ROUSSILLON

Le terroir est exceptionnel et les vins de caractère, à moindre coût.

CHAPITRE 6

LE TOUR DU MONDE DES VINS

MIS EN BOUTEILLE PAR FIRST

PRODUCE OF FRANCE

12 % vol.

Les vins de France

Terres de France, terres précieuses, qui offrent des vins de qualité et une gastronomie de haute volée, aucun pays au monde ne peut rivaliser.

La qualité de nos vins et leur diversité sont si grandes que chaque individu peut trouver son bonheur en histoire de goût.

Quatre catégories de vins :

- Les A.O.C. : Appellation d'origine contrôlée. On recense près de 450 A.O.C. Le meilleur de la production française.
- Les V.D.Q.S : Vin délimité de qualité supérieure. Tous ces vins progressent pour devenir un jour A.O.C.
- Les vins de pays. La qualité est très variable, mais on constate de gros efforts dans l'élaboration, qui porte leurs fruits aujourd'hui.
- Les vins de table. Vins ordinaires pour la consommation courante et quotidienne.

L'ALSACE

Située sur deux départements, le Bas-Rhin et le Haut-Rhin, elle possède un vignoble septentrional de plus de 13 000 hectares, qui s'étend sur plus de cent kilomètres, de Strasbourg à Mulhouse. Elle produit 95 % de vins blancs et 5 % de vins rouges et rosés.

Les cépages

Ils donnent leur nom au vin :

- Le *muscat* : vin blanc sec et fruité.
- Le *chasselas* : vin blanc sec légèrement acide.
- Le *pinot gris* et le *tokay-pinot gris* : vin blanc sec, puissant et épicé.
- Le *pinot blanc* ou *klevner* : vin blanc sec, souple et nerveux.
- Le *riesling* : vin blanc racé, fruité et de bonne garde.
- Le *gewurztraminer* : vin blanc sec, corsé et épicé.
- Le *pinot noir* : vin rouge, fruité et agréable.
- Le *sylvaner* : vin blanc sec à boire très jeune.

Les appellations

- Alsace ou Vin d'Alsace A.O.C.
- Alsace Grand Cru A.O.C.
- Crémant d'Alsace A.O.C.

Les vins spécifiques

- Les vins de vendanges tardives (V.T.) proviennent de raisins surmaturés. Ce sont des vins riches et puissants.
- Les vins de sélection de grains noble (S.G.N.) sont issus de raisins atteints de pourriture noble (raisins très mûrs, riches en sucre), ramassés par tris successifs. Cette méthode n'est autorisée

seulement qu'avec le gewurztraminer, le pinot gris, le riesling et le muscat. Ces vins ont des arômes de miel, d'abricot et de pain d'épices.

- L'edelzwicker est un vin provenant de plusieurs cépages, léger et frais, il est très plaisant à déguster dans la région.

LE BORDELAIS

Avec ses 120 000 hectares de vignes sur trois départements – la Gironde, la Garonne et la Dordogne – et plus de quatre mille châteaux, le Bordelais est le plus grand des vignobles de France. Il produit les vins les plus connus au monde, parmi lesquels le château-d'yquem, pétrus et le château-margaux.

Il est divisé en trois régions viticoles bien distinctes par leurs A.O.C., leurs cépages et leurs terroirs : la rive gauche et la rive droite de la Garonne et l'entre-deux-mers.

Les cépages

Les vins bordelais sont des vins d'assemblage qui proviennent de plusieurs cépages dans des proportions variables :

- Les vins rouges : le cabernet-sauvignon, le cabernet-franc, le merlot, le malbec et le petit-verdot.
- Les vins blancs : le sauvignon, le sémillon et la muscadelle.

Les appellations

Elles sont classées selon les régions :

La rive gauche :

- Médoc A.O.C. : vins ronds, tanniques d'une robe assez foncée.
- Haut-Médoc A.O.C., présent sur une quinzaine de communes ; il produit de très bons crus bourgeois, des vins fins peu corsés avec des tannins pas trop évolués.
- Moulis A.O.C. : très bons vins fruités et souples.
- Listrac A.O.C. : vins généreux et assez typés.
- Saint-Julien A.O.C. : grands vins corsés et vineux qui demandent à vieillir.
- Margaux A.O.C. : vins robustes avec un nez très puissant, qui deviennent distingués, fins et équilibrés en vieillissant.
- Pauillac A.O.C. : grands vins à la robe foncée, tanniques avec une longueur en bouche assez importante.
- Saint-Estèphe A.O.C. : vins solides et charpentés aux arômes de fruits et d'épices qui demandent à vieillir.
- Graves A.O.C., produits sur plus de quarante communes ; vins blancs secs et gras, vins rouges corsés et onctueux.
- Graves Supérieurs A.O.C. : vins blancs secs bien structurés, frais et souples.
- Cérons A.O.C. : vins blancs moelleux et liquoreux qui se rapprochent des barsacs.
- Barsac A.O.C. : vins liquoreux, fruités aux arômes de fruits très élégants.
- Pessac-Léognan A.O.C. est une appellation très réputée avec ses crus classés. Donne des vins charnus et veloutés : principalement des vins rouges, mais aussi quelques vins blancs secs très agréables.
- Sauternes A.O.C. : vins liquoreux aux saveurs de miel, très puissants et voluptueux.

La rive droite (le Libournais) :

- Côtes de Blayes A.O.C. : vins blancs secs et légers.
- 1res Côtes de Blayes A.O.C : vins blancs légers et vins rouges souples.
- Côtes de Bourg A.O.C. : vins rouges à la robe foncée aux saveurs d'épices et de fruits.
- Fronsac A.O.C. et Canon-Fronsac A.O.C. : vins rouges de caractère, subtils, avec des tanins assez puissants.
- Pomerol A.O.C. : vins rouges ronds et épicés, assez charpentés.
- Lalande de Pomerol A.O.C. : vins aussi fins que les pomerols.
- Saint-Émilion A.O.C. : vins très chaleureux, corsés, tanniques et très complexes.
- Saint-Georges Saint-Émilion A.O.C : vins charnus et équilibrés.
- Montagne Saint-Émilion A.O.C. : vins ronds et chaleureux à la robe très foncée.
- Puisseguin Saint-Émilion A.O.C. : vins souples et légers.
- Lussac Saint-Émilion A.O.C. : vins ronds et assez souples.

● Côtes de Castillon A.O.C. : vins rouges vineux et assez distingués.

● Côtes de Francs A.O.C. : vins légers et agréables à boire.

L'entre-deux-mers :

Cette région, située entre la Garonne et la Dordogne, produit sur près de 23 000 hectares des vins blancs secs et fruités et des vins rouges légers.

● Entre-Deux-Mers A.O.C. : vins blancs pâles, secs et vifs.

● 1res Côtes de Bordeaux A.O.C. : vins rouges assez ronds et corsés, vins blancs très fruités.

● Cadillac A.O.C. : vins blancs moelleux et liquoreux, frais et amples.

● Loupiac A.O.C. : vins blancs moelleux et liquoreux, fruités et vifs.

● Sainte-Croix-du-Mont A.O.C. : vins blancs riches, moelleux et liquoreux, d'une robe d'or.

● Côtes de Bordeaux-Saint-Macaire A.O.C. : vins blancs demi-secs et moelleux légers.

● Sainte-Foy-Bordeaux A.O.C. : vins rouges très légers.

Les vins de consommation courante

● Bordeaux A.O.C., produits dans la Gironde ; vins rouges, blancs et rosés souples et légers.

● Bordeaux Supérieurs A.O.C., appellation de l'ensemble de l'aire bordelaise ; vins assez intéressants, agréables, de qualité variable selon le château.

LA BOURGOGNE

Cet immense vignoble couvre plus de 50 000 hectares, sur quatre départements : l'Yonne, la Côte-d'Or, la Nièvre et la Saône-et-Loire.

Les cépages

● Vins blancs : le chardonnay et l'aligoté.

● Vins rouges : le pinot noir et le gamay.

Les appellations

Elles sont classées selon les régions.

Le Bourgogne et le Bourgogne Passetoutgrains A.O.C. sont des vins produits sur l'ensemble de la Bourgogne, vins rouges légers, vins blancs souples et vins rosés, plus rares.

L'Auxerrois :

● Irancy A.O.C. : vins rouges et rosés très corsés.

Le Chablis :

Les chablis, élaborés à partir du chardonnay, sont très agréables et peuvent être gardés entre cinq et dix ans, jusqu'à vingt ans pour un grand cru.

● Petit Chablis A.O.C. : vins légers, frais et peu aromatiques.

● Chablis grand cru A.O.C., il est produit sur sept lieux-dits : vins blancs très secs aux senteurs de noisette.

● Chablis premier cru A.O.C., il est produit sur plus de trente lieux-dits : vins blancs secs et nerveux.

Classification des grands vins de Bordeaux

Premiers crus	Château Lafite-Rothschild	Pauillac
	Château Mouton-Rothschild	Pauillac
	Château Latour	Pauillac
	Château Margaux	Margaux
	Château Haut-Brion	Graves

Seconds crus	Château Rauzan-Ségla	Margaux
	Château Rauzan-Gassies	Margaux
	Château Durfort-Vivens	Margaux
	Château Lascombes	Margaux
	Château Brane-Cantenac	Margaux
	Château Léoville-Las cases	Saint-Julien
	Château Léoville-Barton	Saint-Julien
	Château Léoville-Poyferré	Saint-Julien
	Château Gruaud-Larose	Saint-Julien
	Château Ducru-Beaucaillou	Saint-Julien
	Château Cos d'Estournel	Saint-Estèphe
	Château Montrose	Saint-Estèphe
	Château Pichon-Longueville-Baron	Pauillac
	Château Pichon-Longueville-Comtesse de Lalande	Pauillac

Troisièmes crus	Château La Lagune	Haut-Médoc
	Château Lagrange	Saint-Julien
	Château Langoa	Saint-Julien
	Château Calon-Ségur	Saint-Estèphe
	Château Giscours	Margaux
	Château Kirwan	Margaux
	Château d'Issan	Margaux
	Château Cantenac-Brown	Margaux

Classification des grands vins de Bordeaux

Troisièmes crus	Château Palmer	Margaux
	Château Desmirail	Margaux
	Château Ferrière	Margaux
	Château Boyd-Cantenac	Margaux
	Château Malescot-Saint Exupéry	Margaux
	Château Marquis d'Alesme-Becker	Margaux
Quatrièmes crus	Château Beychevelle	Saint-Julien
	Château Branaire-Ducru	Saint-Julien
	Château Saint-Pierre	Saint-Julien
	Château Talbot	Saint-Julien
	Château Pouget	Margaux
	Château Marquis de Terme	Margaux
	Château Prieuré-Lichine	Margaux
	Château Duhart-Milon-Rothschild	Pauillac
	Château La Tour-Carnet	Haut-Médoc
Cinquièmes crus	Château Camensac	Haut-Médoc
	Château Cantemerle	Haut-Médoc
	Château Belgrave	Haut-Médoc
	Château Cos-Labory	Saint-Estèphe
	Château Dauzac	Margaux
	Château du Tertre	Margaux
	Château Batailley	Pauillac
	Château Clerc-Milon	Pauillac
	Château Croizet-Bages	Pauillac
	Château Lynch-Moussas	Pauillac
	Château Grand Puy-Ducasse	Pauillac
	Château Grand Puy-Lacoste	Pauillac
	Château Haut Bages-Libéral	Pauillac
	Château Pédesclaux	Pauillac
	Château d'Armailhac	Pauillac
	Château Pontet-Canet	Pauillac

Classification des crus de Sauternes

Premiers crus supérieurs Château d'Yquem

Premiers crus Château Climens
Château Coutet
Château Guiraud
Château Lafaurie-Peyraguey
Clos Haut-Peyraguey
Château Rayne-Vigneau
Château Rabaud-Promis
Château Sigalas-Rabaud
Château Rieussec
Château Suduiraut
Château La Tour Blanche

Seconds crus Château d'Arche
Château Broustet
Château Nairac
Château Caillou
Château Myrat
Château Filhot
Château Suau
Château de Malle
Château Romer
Château Romer du Hayot
Château Doisy-Daëne
Château Doisy-Dubroca
Château Doisy-Védrines
Château Lamothe (Despujols)
Château Lamothe (Guignard)

Classification des crus de Saint-Émilion

Premiers grands crus classés A
Château Ausone
Château Cheval Blanc

Premiers grands crus classés B
Château l'Angélus
Château Belair
Château Canon
Château Figeac
Château La Gaffelière
Château Clos Fourtet
Château Magdeleine
Château Pavie
Château Trottevieille
Château Beauséjour Duffau-Lagarosse
Château Beauséjour Bécot

Grands Crus Classés
Château Bellevue
Château Bergat
Château Balestard la Tonnelle
Château Berliquet
Château Cadet-Bon
Château Cadet-Piola
Château Canon-La Gaffelière
Château Cap de Mourlin
Château Chauvin
Château Clos des Jacobins
Château Clos de l'Oratoire
Château Clos Saint Martin
Château Corbin
Château Corbin-Michotte
Château Couvent des Jacobins
Château Curé Bon la Madelaine
Château Dassault
Château Faurie de Souchard
Château Fonplégade

Classification des crus de Saint-Émilion

Grands Crus Classés

Château Fonroque
Château Franc-Mayne
Château Grand-Mayne
Château Grand-Pontet
Château Grandes-Murailles
Château Guadet-Saint Julien
Château Haut-Corbin
Château Haut-Sarpe
Château Lamarzelle
Château Laniote
Château Larcis-Ducasse
Château Larmande
Château Laroque
Château Laroze
Château l'Arrosée
Château La Clotte
Château La Clusière
Château La Couspaude
Château La Dominique
Château La Serre
Château La Tour du Pin Figeac (Giraud-Belivier)
Château La Tour du Pin Figeac (Moueix)
Château La Tour Figeac
Château Le Prieuré
Château Matras
Château Moulin du Cadet
Château Pavie-Decesse
Château Pavie-Macquin
Château Petit Faurie de Soutard
Château Ripeau
Château Saint Georges Côte-Pavie
Château Soutard
Château Tertre-Daugay
Château Troplong-Mondot

La Côte de Nuits :

Cette région produit des vins rouges prestigieux de très longue garde assez puissants, aux saveurs de réglisse.

- Gevrey-Chambertin A.O.C. : Chambertin, Griotte-Chambertin, Latricières-Chambertin, Mazis-Chambertin, Ruchottes-Chambertin, Chapelle-Chambertin.
- Echezeaux et Grand-Echezeaux A.O.C.
- Vosne-Romanée A.O.C.
- Morey-Saint-Denis A.O.C.
- Chambolle-Musigny et Musigny A.O.C.
- Vougeot et Clos de Vougeot A.O.C.
- Nuits-Saint-Georges A.O.C.
- Côtes de Nuits-Villages A.O.C.

La Côte de Beaune :

Elle produit des vins blancs merveilleux très structurés et charnus provenant du chardonnay.

- Montrachet A.O.C. : l'un des rois de la Bourgogne.
- Meursault A.O.C. : vins soyeux et riches.
- Corton-Charlemagne A.O.C. : vins blancs onctueux et complexes.

Elle produit également des vins bien vineux, corsés, aux arômes de fruits rouges.

- Volnay A.O.C. : vins rouges souples aux parfums exceptionnels.
- Pommard A.O.C. : vins rouges robustes et corsés.
- Aloxe-Corton A.O.C. : vins rouges fermes et puissants.
- Beaune A.O.C. : vins blancs et rouges, ronds et vineux.

Sont moins connus, mais très agréables :

- Ladoix A.O.C. : vins rouges et blancs assez corsés.
- Pernand-Vergelesses A.O.C. : vins rouges et blancs très aromatiques.
- Monthelie A.O.C. : vins rouges corsés au nez de violette.
- Auxey- Duresses A.O.C. : vins rouges et blancs fruités et proches des meursaults.
- Saint-Aubin A.O.C. : vins blancs et rouges fins et élégants.
- Santenay A.O.C. : vins rouges fermes et tanniques.

Le Mâconnais :

Cette région sur la rive droite de la Saône produit des vins blancs issus de chardonnay et des vins rouges de gamay et de pinot.

- Rully A.O.C. : vins blancs et rouges assez corsés.
- Mercurey A.O.C. : vins blancs et rouges souples et parfumés.
- Givry A.O.C. : vins blancs et rouges vifs, charmeurs.
- Pouilly-Fuissé A.O.C. : vins blancs secs aux saveurs de fruits secs.
- Mâcon-Villages, produit sur près de cinquante communes : vins nerveux et frais.

Le Beaujolais :

Le beaujolais nouveau, toujours très attendu, arrive le troisième jeudi de novembre.

- Juliénas A.O.C. : vins rouges aux arômes intenses.
- Chénas A.O.C. : vins rouges tendres et robustes.
- Fleurie A.O.C. : vins rouges délicats, à la robe pourpre.
- Chiroubles A.O.C. : vins rouges parfumés et gouleyants.
- Saint-Amour : vins rouges corsés et tanniques.
- Moulin-à-vent : vins rouges charpentés.
- Morgon : vins rouges corpulents.
- Brouilly : vins rouges robustes et fruités.
- Régnié : vins rouges fruités et élégants.

LA CHAMPAGNE

Ce vignoble de près de 25 000 hectares, le plus proche de Paris, situé sur trois départements – l'Aisne, l'Aube et la Marne – est partagé en cinq régions : la Basse-Montagne, la montagne de Reims, la vallée de la Marne, la côte des Blancs et le vignoble de l'Aude. Il fournit près de 200 des vins « tranquilles » appelés côteaux-champenois, blancs et rouges, légers et agréables à boire jeunes.

Les cépages

Ce sont le pinot noir et le pinot-meunier (raisin rouge), ainsi que le chardonnay (raisin blanc).

Les appellations
- Champagne A.O.C.
- Côteaux Champenois A.O.C.
- Rosé des Riceys A.O.C.

Les différents champagnes
- Les champagnes « Blancs de Blancs », très fins, proviennent uniquement de raisins blancs.
- Les champagnes « Blancs de Noirs » sont des vins issus de raisins noirs.
- Les champagnes rosés sont obtenus par deux procédés différents : soit un mélange de vins rouges et de vins blancs, technique seulement autorisée en Champagne, soit une courte fermentation avec les peaux noires du raisin.

L'étiquette

Une étiquette de champagne comporte plusieurs mentions spécifiques.
- La teneur en sucre par la mention, Ultra-Brut, Extra-Brut, Brut, Sec et Demi-sec.
- La catégorie du producteur inscrite par deux lettres au bas de l'étiquette :
  RM : Récoltant Manipulant (propriétaire qui récolte sa vigne et élabore son vin).
  NM : Négociant Manipulant (il achète les raisins et élabore son vin).
  CM : Coopérative de Manipulation (marque de coopérative de plusieurs récoltants qui élabore le vin).
  MA : Marque Auxiliaire (marque d'un acheteur et revendeur de champagne).
  SR : Société de Récoltants.

LA CORSE

Ce vignoble de plus de 1 200 hectares entre mer et montagne produit des vins blancs, rosés et rouges.

Les cépages spécifiques
- Vins rouges : le niellucio et le sciac-carello.
- Vin blanc : le vermentino.

Les cépages d'appoint
Ils sont aussi présents sur le continent : le cinsault, le mourvèdre, le carignan et l'ugni.

Les appellations
- Vin de Corse : cinq villes donnent leurs noms à cette appellation : Calvi, Figari, Sartène, Porto-Vecchio et Coteaux du cap Corse.
- L'Ajaccio et le Patrimonio A.O.C. grand cru sont des vins rouges d'une robe claire et assez équilibrés en bouche, des vins blancs à base de vermentino et d'ugni d'une robe dorée et assez puissants, des vins rosés très frais et agréables.

LE JURA

Ce vignoble s'étend sur 2 000 hectares.

Les cépages
- Vins blancs : le savagnin et le chardonnay.
- Vins rouges : le poulsard, le trousseau et le pinot noir.

Les appellations
- Arbois A.O.C. produit sur treize communes : vins rouges tanniques, ronds et robustes, vins blancs secs et vigoureux, vins rosés très frais aux notes de fraise.
- Côtes-du-Jura A.O.C. sur près de soixante communes : vins blancs secs aux notes d'amandes grillées.
- L'Étoile A.O.C. : vins blancs et jaunes secs, assez floraux, avec des notes de noix.
- Château Chalon A.O.C. : vins blancs fameux issus d'un seul cépage, le savagnin, très puissants, avec une robe d'or et des senteurs de noix truffées, qui peuvent être gardés plus de cent ans.
- Crépy A.O.C. : vin blanc léger, sec et fruité.

Les vins spécifiques
- Le vin jaune, vendangé après la Toussaint et élevé en fûts de chêne pendant plus de cinq ans, est mis en bouteilles dans des bouteilles de 62 cl très particulières appelées « Clavelin ».
- Le vin de paille est obtenu à partir de grappes mises à sécher pendant quatre mois : le jus très concentré subit une fermentation de plus d'un an, et après une mise en fûts de près de trois ans, il est mis en bouteilles dans des demi-Clavelin.

LE LANGUEDOC-ROUSSILLON

C'est la plus grande région viticole de France, ses vignobles s'étirent depuis la Camargue jusqu'à la frontière espagnole.

Dans le Languedoc, les vins sont agréables et ont beaucoup de caractère.

Dans le Roussillon, le climat plus chaud favorise la production de vins charnus, veloutés et étoffés.

Les cépages
- Vins blancs : le chardonnay, l'ugni, le mauzac, le muscat, le maccabéo, la clairette, le marsanne.
- Vins rouges : le carignan, le grenache, le cinsault, le merlot, le syrah, le mourvèdre, le picpoul.

Les appellations
- Fitou A.O.C., issu à 80 % de carignan et de grenache : vins rouges bien structurés et amples.
- Minervois A.O.C. : vins rouges aromatiques, épicés, à base de carignan, de mourvèdre, de grenache et de cinsault. Les vins blancs, élaborés à base de clairette, de maccabéo et de chardonnay, sont frais et assez amples.
- Collioure A.O.C. : vins rouges intenses et corsés, vins rosés vineux.
- Côtes du Roussillon A.O.C. : vins rouges aux arômes de fruits cuits, épicés, vins blancs nerveux et vins rosés assez corsés.
- Côtes du Roussillon Villages : vins rouges corsés et charpentés.

- Muscat de Saint-Jean-de-Minervois A.O.C. : vins doux naturels, généreux, fins et vifs.
- Blanquette de Limoux A.O.C., produit sur plus de quarante communes : vin d'une robe pâle aux saveurs de fruits frais.
- Côteaux du Languedoc A.O.C., produit sur près de cent cinquante communes : vins rouges ronds et vineux, rosés fruités et vifs, vins blancs soyeux.
- Costières de Nîmes A.O.C. : vins généreux remplis de soleil.
- Clairette de Bellegarde A.O.C. : vins blancs légèrement amers.
- Faugères A.O.C. : vins rouges capiteux d'une robe pourpre et d'un nez très ample.
- Saint-Chinian A.O.C. : vins rouges et rosés très robustes.
- Cobières A.O.C. : vins rouges puissants avec des arômes sauvages et musclés, vins blancs souples et rosés très frais.
- Muscat de Lunel A.O.C. : vin doux naturel à base de muscat à petits grains, très équilibré, avec des arômes de miel.
- Muscat de Frontignan A.O.C. : vin doux naturel liquoreux.
- Muscat de Rivesaltes A.O.C. : vin doux naturel délicat et fruité avec des senteurs de citron et de miel.
- Muscat de Mireval A.O.C. : vin très fruité, moelleux aux arômes d'abricot.

LA PROVENCE

Cette province située sur deux départements – les Bouches-du-Rhône et le Var – abrite un vignoble avec plus de vingt-cinq cépages différents et propose des vins rouges, rosés et blancs bien équilibrés avec des saveurs de soleil.

Les cépages

- Vins blancs : l'ugni, la clairette, le sémillon…
- Vins rouges : la grenache, le carignan, le marsanne, le mourvèdre, le cinsault…

Les appellations

- Bandol A.O.C. : vin rouge à base de mourvèdre, grenache et cinsault, très tanniques, veloutés avec des arômes de fruits et de violette, vins rosés, floraux et agréables en bouche, et vins blancs vifs, équilibrés avec des saveurs de tilleul.

Attendez, avant de boire ces vins, un à deux ans pour les blancs, et deux à quatre ans pour les rouges et les rosés.

- Cassis A.O.C., issu d'ugni, de clairette, de marsanne, de sauvignon et de grenache : vins rouges très clairs et élégants en bouche, vins rosés légers et frais.
- Côteaux d'Aix-en-Provence A.O.C. : vins rouges faciles à boire, vins blancs aromatiques et légers, vins rosés fruités, fins et délicats avec des arômes de fruits (coing, poire).

- Belle A.O.C. : vins rouges nerveux et ronds, vins blancs très généreux et vins rosés fins et racés.
- Palette A.O.C., vins de grande classe : vins rouges foncés, vineux et puissants, vins blancs fruités et frais, vins rosés, très primés, excellents.
- Côteaux-Varois A.O.C., vignoble étendu sur plus de vingt-huit communes produisant près de huit millions de bouteilles par an : vins rouges et rosés très souples, vins blancs plus rares, frais et agréables.

LA SAVOIE

Les vignobles savoyards s'étendent sur quatre départements : la Savoie, la Haute-Savoie, l'Isère et l'Ain.

Les appellations

- Roussette de Savoie A.O.C. : vins blancs fins et délicats, à boire jeunes.
- Seyssel A.O.C. : vins blancs secs d'une robe très pâle et d'un bouquet équilibré.
- Vins de Savoie A.O.C. : vins blancs, rouges ou rosés légers.

LE SUD-OUEST

Cette région viticole s'étend sur sept départements : le Gers, le Lot, le Lot-et-Garonne, les Landes, le Tarn, le Tarn-et-Garonne et les Pyrénées-Atlantiques.

Les cépages

- Vins blancs : le sémillon, le sauvignon, le muscadelle et l'ugni.

- Vins rouges : le cabernet-sauvignon, le merlot, le cabernet-franc, le malbec, le petit-verdot, le tannat, le mauzac, le gamay, le cinsault et le manseng.

Les appellations

- Bergerac A.O.C. : vins rouges colorés et gouleyants, vins blancs aromatiques.
- Côtes de Bergerac A.O.C. : vins rouges sombres et charpentés, vins blancs aromatiques.
- Pécharmant A.O.C. : vins rouges de robe foncée, tanniques, demandant à vieillir.
- Saussignac A.O.C. : vins blancs du Périgord, moelleux et équilibrés.
- Montravel A.O.C. : vins blancs secs et vifs.
- Côtes de Montravel A.O.C. : vins moelleux.
- Monbazillac A.O.C. : vignoble à base de sémillon, de sauvignon et de muscadelle, situé sur la rive gauche de la Dordogne, bénéficiant d'un microclimat qui favorise la pourriture noble du raisin et qui donne naissance à des vins liquoreux riches et gras.
- Côtes de Duras A.O.C. : vins blancs secs, moelleux, frais, vins rouges fruités et charnus.
- Buzet A.O.C. : vins rouges corsés, ils sont produits à plus de 80 % en cave coopérative.
- Côtes-du-Brulhois V.D.Q.S. : vins rouges de caractère assez tanniques et vins rosés frais et vifs.

- Cahors A.O.C., issus à 70 % de malbec : vins rouges structurés et charnus.
- Gaillac A.O.C. : vins blancs secs et moelleux, vins rouges tendres et légers.
- Côtes du Frontonnais A.O.C. : vins rouges délicats avec des arômes de cassis et de réglisse, vins rosés souples.
- Côtes du Marmandais A.O.C. : vins rouges souples et vins blancs secs aromatiques.
- Tursan V.D.Q.S., appellation des Landes : vins rouges, rosés et blancs très agréables.
- Madiran A.O.C. : vins rouges tanniques, puissants et onctueux.
- Pacherenc du Vic-Bilh A.O.C. : vins blancs secs et moelleux.
- Jurançon A.O.C., vignoble au pied des Pyrénées : vins issus de raisins très mûrs, très agréables avec un bon foie gras. Il fut le vin de baptême d'Henry IV.
- Irouléguy A.O.C., vignoble à moins de quarante kilomètres de l'océan Atlantique : vins rouges, rosés et blancs.

LA VALLÉE DE LA LOIRE

Ce vignoble s'étend de Nevers à Nantes, il est réparti en cinq régions bien déterminées : le Pays nantais, l'Anjou, le Saumurois, la Touraine et le Centre.

Les cépages

- Vins blancs : le melon, la folle blanche, le sauvignon, le chenin blanc.
- Vins rouges : le gamay, le cabernet-franc, le cabernet-sauvignon.

Les appellations

Elles sont classées selon les régions :

Le Pays nantais :

- Muscadet A.O.C. : vins de robe pâle avec un nez de fruits exotiques.
- Muscadet Coteaux de la Loire A.O.C. : vins vifs et élégants.
- Muscadet de Sèvre-et-Maine A.O.C. : vins frais et fruités aux arômes très complexes, avec parfois, pour le muscadet-sur-lie, un parfum de noisettes.
- Muscadet Côtes-de-Grand-Lieu A.O.C. : vins de très petite production, frais et longs en bouche.
- Gros-Plant V.D.Q.S., à base de folle blanche : vins blancs secs, légers, de robe incolore, très frais et minéraux en bouche.
- Côteaux d'Ancenis A.O.C. : vins rouges frais et fruités.

L'Anjou :

- Savenières A.O.C. : vins blancs secs et nerveux aux arômes de vanille.
- Quarts-de-Chaume A.O.C., à base de chenin : vins soyeux et moelleux au bouquet incomparable.
- Bonnezeaux A.O.C. : vins blancs moelleux, riches et gras, très parfumés et d'une ampleur en bouche très intense.
- Côteaux-du-Layon A.O.C. : vins blancs moelleux aux arômes de miel et d'agrumes, très fruités.
- Anjou A.O.C. : vins rouges tanniques et épicés, aux arômes de fruits rouges, vins blancs souples et légèrement fruités, rosés d'Anjou demi-secs, frais et agréables à boire jeune.
- Anjou-Villages A.O.C. : vins rouges charpentés, pleins de fruits.
- Anjou Mousseux A.O.C. : vins légers, secs à demi-secs.
- Anjou Gamay A.O.C. : vins légers et gouleyants.
- Anjou-Côteaux-de-la-Loire A.O.C. : vins blancs secs et demi-secs aux arômes de fruits, de robe jaune.
- Cabernet d'Anjou A.O.C. : vins fruités et étoffés aux connotations de framboise.
- Côteaux de l'Aubance A.O.C. : vins légèrement moelleux et fruités, de robe dorée exceptionnelle.

Le Saumurois :

La région produit des vins rouges souples et fruités à base de cabernet-franc et de cabernet-sauvignon, et des vins blancs « tranquilles », effervescents, nerveux et frais, provenant du chenin.

- Saumur-Champigny A.O.C. : vins aux arômes de cassis et de violettes, corsés et fermes en bouche.
- Côteaux-de-Saumur A.O.C. : vins moelleux, extraordinaires.

- Cabernet de Saumur A.O.C. : vins moyennement charnus aux arômes de fruits rouges.

La Touraine :

- Vouvray A.O.C. : vins aux arômes floraux et fruités, secs, demi-secs, moelleux ou mousseux.
- Montlouis A.O.C. : vins agréables issus de chenin qui peuvent être secs, demi-secs, moelleux ou mousseux également.
- Bourgueil et Saint-Nicolas-de-Bourgueil A.O.C. : vins rouges et rosés plaisants et frais.
- Chinon A.O.C. : vins rouges à base de cabernet-franc à apprécier jeunes, qui, après une très longue garde, deviennent puissants.
- Jasnières A.O.C. : vins blancs secs amples, au bouquet floral, ou vins blancs moelleux.
- Touraine A.O.C. : vins rouges légers frais, au bouquet fruité.

Le Centre :

- Sancerre A.O.C. : vins blancs issus du sauvignon, vifs, aux arômes de fruits frais, vins rouges à base de pinot noir, au nez de cerise et de robe claire, moins connu. Vins rosés parfumés, agréables dans leur jeunesse.
- Quincy A.O.C. : vins blancs légèrement fumés au bouquet de thym.
- Pouilly-Fumé A.O.C., produit sur sept communes : vins blancs secs marqués par une note de pierre à fusil (sensation de silex en bouche).

- Menetou-Salon A.O.C. : vins blancs plus légers que le sancerre, avec beaucoup de charme.
- Reuilly A.O.C. : vins blancs souples, vins rouges légers et très bons rosés, amples, de robe pâle.
- Pouilly-sur-Loire A.O.C. : vins blancs secs tendres, fins et légèrement acides.

LA VALLÉE DU RHÔNE

Entre Vienne et Avignon, ce vignoble de plus de 58 000 hectares offre des vins très puissants et très typés.

Les cépages

Les plus répandus dans cette région sont le viognier, la grenache, le carignan, le cinsault, le syrah, la clairette et l'ugni blanc.

Treize cépages produisent le châteauneuf-du-pape : Le bourboulenc, le cinsault, la clairette, la counoise, la grenache, le mourvèdre, le syrah, le muscadin, le vaccarèse, le picardan, le picpoul, la roussanne et le terret noir.

Les appellations

- Château Grillet A.O.C., la plus petite appellation de France, détenue par une seule famille : vins blancs secs et riches en bouche.
- Clairette de Die A.O.C. : vin blanc mousseux assez acide.
- Côte-Rôtie A.O.C. : vins racés, amples et corsés.
- Condrieu A.O.C. : vins secs avec des arômes d'acacia.
- Cornas A.O.C. : vins rouges très denses et puissants.

- Hermitage A.O.C. : vins blancs et rouges de grande classe.
- Crozes-Hermitage A.O.C. : vins rouges et blancs souples.
- Saint-Joseph A.O.C. : vins rouges et blancs assez tendres.
- Saint-Péray A.O.C. : vins blancs délicats et fins.
- Saint-Péray mousseux A.O.C. : vins blancs à la mousse grossière.
- Châteauneuf-du-pape A.O.C. : vins blancs et rouges issus par tradition de treize cépages différents, charpentés et capiteux.
- Gigondas A.O.C. : vins rouges et rosés robustes aux arômes de réglisse et de fruits sauvages.
- Tavel A.O.C. : le meilleur vin rosé de France.
- Lirac A.O.C. : vins rouges, blancs et rosés assez souples, aux arômes particuliers.
- Muscat de Beaumes-de-Venise A.O.C. : vins blancs très fins avec des saveurs de coing et de fruits exotiques.
- Rasteau A.O.C. : vins rouges et blancs très forts en alcool avec des arômes riches et puissants.
- Côtes du Ventoux A.O.C. : vins rouges frais et fruités.
- Coteaux du Tricastin : vins rouges poivrés, riches et délicieux, vins blancs vifs et acides.
- Côtes du Lubéron A.O.C. : vins typés, fort attrayants.
- Côtes du Rhône Village A.O.C. : cette appellation concerne dix-sept villages situés dans le sud de la vallée du Rhône.
- Hermitage vin de paille A.O.C. : vins blancs très rares, moelleux, aux arômes de miel et de passerillage.
- Côtes du Rhône A.O.C. : cette appellation générique s'applique à toute la vallée du Rhône.

Les vins d'Italie

Les vins italiens sont une énigme. Contrairement à leurs homologues américains, les vins italiens ne s'expliquent pas par comparaison avec leurs équivalents français. L'élaboration du vin dans les régions qui composent aujourd'hui l'Italie date de quatre millénaires. L'unification de l'Italie est très récente puisque les frontières que nous connaissons ne datent que du milieu du XIXe siècle. La diversité des terres, des climats, des cultures et même des langues a donné naissance à une multiplicité déroutante de vins.

Les vins italiens égalent les vins français par leur variété et parfois même par leur qualité. Comme en France, les vins ont pour appellation leur origine géographique et non le cépage (et bien sûr, comme chez son voisin, il y a des exceptions !). Politiquement, l'Italie est divisée en vingt régions (dix-huit sur le continent auxquelles il faut ajouter la Sicile et la Sardaigne). Les vins de qualité sont, en grande majorité, issus des cépages de trois régions principales : la Toscane, le Piémont et la Vénétie, mais les autres régions produisent également de bons vins.

Le gouvernement italien a officiellement reconnu les vins traditionnels d'Italie (de même que quelques nouveaux venus) en se fondant sur un système similaire au système français.

1. DOC (*Denominazione di origine controllata*) représente la catégorie en dessous de la DOCG. C'est l'équivalent italien de l'appellation d'origine contrôlée française.
2. DOCG (*Denominazione di origine controllata e garantita*) représente la catégorie des vins de qualité supérieure. Elle fut créée en 1963.
3. Vdt (*Vino da tavola*, qui signifie vin de table) représente la catégorie des vins ni DOCG ni DOC.

Ce système reconnaît les vins exceptionnels par tradition et établit la région d'origine, le ou les cépages à utiliser, le pourcentage minimal d'alcool et l'âge requis. Le chianti est, par exemple, l'une des cinq premières DOCG attribuées. Le chianti classico doit être issu (essentiellement) du sangiovese, avoir un minimum de 12 % d'alcool et venir d'une zone bien déterminée du centre de la Toscane. Si le pourcentage d'alcool est légèrement plus élevé (12,5 %)

TRENTINO-ALTO ADIGE
VALLE D'AOSTA
FRUILI-VENEZIA GUILIA
VENETO
LOMBARDIA
ASTI
PIEMONTE
EMILIA-ROMAGNA
LIGURIA
MARCHE
TOSCANA
UMBRIA
ORVIETO
ABRUZZO
MOLISE
LAZIO
PUGLIA
CAMPANIA
BASILICATA
CALABRIA
SICILIA

et si le vin a vieilli trois années avant d'être mis sur le marché, il devient chianti classico riserva. Très important, le statut DOCG/DOC est une garantie du lieu et de la façon dont le vin a été élaboré. Mais cela ne veut absolument pas dire que son goût sera toujours le même. La réglementation DOCG/DOC ne couvre pourtant pas tous les bons ou excellents vins d'Italie. Quelques-uns parmi les plus chers de Toscane sont de délicieux assemblages de sangiovese et de cabernet-sauvignon qui se bonifient en vieillissant.

Le principal cépage rouge du Piémont est le nebbiolo (également nommé spanna). Si vous lisez attentivement les étiquettes, Piémont se dit Piemonte. Le barolo

et le barbaresco sont les deux autres vins issus du nebbiolo de la région. Ce ne sont pas des vins bon marché, mais si vous cherchez de très bons vins, ils sont d'un bon rapport qualité/prix.

Comme la France, l'Italie est un grand pays de vins rouges et blancs. Certains des vins italiens sont désignés par leur cépage, d'autres non. Il serait ici totalement illusoire d'établir une liste exhaustive de tous les bons vins italiens. Faites confiance à votre caviste qui saura vous conseiller. Le tableau ci-dessous répertorie non pas des vins mais les principaux types de vins italiens. Le chianti, par exemple, n'est pas un nom de vin, mais celui d'une famille.

PRINCIPAUX TYPES DE VINS ITALIENS

COULEUR	TYPE DE VIN	RÉGION	VARIÉTÉ DE RAISIN
Rouge	Barolo	Piémont	Nebbiolo
Rouge	Barbaresco	Piémont	Nebbiolo
Rouge	Valpolicella	Vénétie	Corvina, Rondinella, et Molinara
Rouge	Amarone	Vénétie	Corvina, Rondinella, et Molinara
Rouge	Barbera d'Asti	Piémont	Barbera
Rouge	Chianti	Toscane	Sangiovese
Rouge	Brunello di Montalcino	Toscane	Brunello
Rouge	Piave Merlot	Vénétie	Merlot
Rouge	Morellino di Scansano	Toscane	Sangiovese
Rouge	Taurasi	Campanie	Aglianico et Piedirosso
Rouge	Salice Salentino	Pouilles	Negro Amaro
Blanc	Soave	Vénétie	Garganega et Trebbiano
Blanc	Gavi	Piémont	Cortese
Blanc	Orvieto	Ombrie	Trebbiano, Verdello, et Grechetto
Blanc	Greco di Tufo	Campanie	Greco et Coda di Volpe

L'ÉTIQUETTE ITALIENNE

CONTERNO : producteur.

BAROLO RISERVA : Type de vin – cépage spécifique (nebbiolo), région d'origine et méthode de production, trois éléments assurés par la désignation DOCG.

DENOMINAZIONE DI ORIGINE CONTROLLATA E GARANTITA (DOCG) : cette appellation signifie que le barolo riserva a été reconnu par les autorités italiennes comme un vin élaboré selon la tradition qui répond à un certain nombre d'exigences établies pour ce type de cépage (rendement maximal, titre alcoométrique, âge, etc.)

MONFORTINO : nom d'un propriétaire utilisé par le producteur pour qualifier ses assemblages de barolo venant de plusieurs vignobles de qualité. À la place de ce nom, on peut trouver le nom d'un vignoble.

Si l'année n'apparaît pas sur cette étiquette, elle est mentionnée sur la collerette, une étiquette plus petite, collée sur le goulot de la bouteille.

Les vins des États-Unis

L'industrie vinicole américaine s'est développée dans plusieurs régions et existe de nos jours dans de très nombreux États. Les premiers colons à atteindre la Virginie découvrirent une terre littéralement couverte de plants de vigne. Malheureusement, l'espèce ne se prêtait guère à l'élaboration du vin. Après quelques expériences de culture et notamment la greffe de vignes européennes, la vigne américaine fut enfin apprivoisée.

La première exploitation viticole vit le jour en Pennsylvanie peu après la guerre d'Indépendance. L'Ohio produisait la plus grande partie du vin de la nouvelle nation. Parallèlement, les missionnaires espagnols commencèrent à élaborer du vin de cérémonie à partir des vignes européennes de Californie. Le soleil, le sol et la brise fraîche de la région étaient des conditions quasi idéales pour cultiver la vigne. La demande de vin de table est principalement venue des immigrants qui avaient l'habitude de boire du vin en mangeant.

Les producteurs de vins américains ont démontré à plusieurs reprises leur capacité à produire des vins de niveau mondial. En puissance et parfois également en finesse, ces vins rivalisent avec les vins français.

En Californie, les producteurs proposent des vins effervescents de grande qualité, élaborés selon la méthode traditionnelle. La Californie n'a pas pour autant le monopole du vin américain, loin s'en faut. Beaucoup d'autres États produisent de bons vins. En fait, on trouve à peu près tous les types de vins aux États-Unis,

mais il est vrai que tous les grands vins viennent de Californie.

Voici une courte liste des principaux
cépages par région vinicole aux États-Unis :

Cabernet-sauvignon (marque *Meritage*
déposée par des producteurs californiens
qui désigne des vins issus de l'assemblage
de cabernet-sauvignon, merlot et carbernet-
franc).
    La Napa Valley
    La Sonoma Valley
    L'Alexander Valley (région de la
    Sonoma)

Chardonnay :
    Napa
    Sonoma
    Santa Barbara

Pinot Noir :
    Carneros (embouchure de la Sonoma
    et de la Napa)
    Santa Barbara

Sauvignon Blanc :
    Napa
    Sonoma

Le climat est un avantage indéniable
pour la Californie. Les bons comme les très
bons vins français accompagnent généralement un repas, ce qui n'est pas le cas des
vins de Californie. Le climat y étant nettement plus chaud, les grains atteignent un
niveau de maturité plus avancé, ce qui
donne des vins beaucoup plus fruités et un
degré d'acidité moins élevé.

QUE NOUS APPREND L'ÉTIQUETTE ?

L'étiquette doit comporter la région
d'origine des cépages. En règle générale, les
vins d'exception proviennent d'une aire
déterminée, voire d'un vignoble particulier.
Pour un vin ordinaire, seule la région viticole est mentionnée. En revanche, plus
l'espace est rétréci, plus vous avez affaire à
un bon vin.

Katherine Vineyard :
    désigne un vignoble spécifique.
Santa Maria Valley :
    désigne une région donnée.
Santa Barbara :
    désigne le comté à l'intérieur de
    l'État.
Californie :
    désigne un État.
Américain :
    désigne uniquement le pays pro-
    ducteur.

Imaginez que l'on vous demande où
vous habitez. Si vous habitez sur les
Champs-Élysées, vous allez donner le nom
de votre rue, si vous vivez dans le XVIe
arrondissement, à Paris, vous allez donner
votre arrondissement. Si vous habitez le
nord de Paris, vous allez simplement dire
que vous vivez à Paris intra muros. Si vous
habitez une banlieue qui a mauvaise réputation, vous allez rester vague et annoncer
« en banlieue ». Pour le vin, c'est un peu
pareil : vous aurez l'adresse précise d'un
très bon vin mais seulement la région
d'origine d'un vin ordinaire.

LES ÉTIQUETTES DES VINS DE CÉPAGE

Lorsqu'un cépage particulier est indiqué sur l'étiquette, le vin doit être constitué d'au moins 75 % de cette variété de raisin. Plusieurs rouges californiens sont des assemblages de différents cépages. Si aucun cépage n'atteint le seuil des 75 %, le vin est alors un « vin de table ». La Californie a, elle, adopté une désignation particulière pour indiquer un cépage présent à plus de 75 % : les assemblages de vins supérieurs (rouges comme blancs) portent le terme de « Meritage ».

Toutes les exploitations viticoles américaines ne cultivent pas de raisin. Certaines se contentent de l'acheter, de l'assembler, de l'étiqueter et de le vendre. La mention « produit et mis en bouteilles par » indique que l'exploitation a écrasé puis fait fermenter au moins 90 % du raisin. Les mentions « cultivé, produit et mis en bouteilles par » et « mis en bouteilles dans l'État » impliquent une relation encore plus intime avec le vin. Inversement, la mention « fabriqué et mis en bouteilles par » veut dire que seulement 10 % au minimum du raisin a été écrasé et mis en fermentation par l'entreprise vinicole.

LA CÔTE NORD-OUEST DU PACIFIQUE

S'il est évident que la Californie est le centre de toute étude sur la production de vin aux États-Unis, on ne peut, pour autant, occulter les vins de la côte nord-ouest. Les vins de qualité issus de cépages populaires viennent de l'Oregon, de Washington et même de l'Idaho. Même si la production des trois États réunis reste largement inférieure à celle de la Californie, le nord-ouest bénéficie de certains avantages sur sa rivale. Les vins y sont généralement moins chers pour une qualité similaire et le climat plus frais laisse tout le temps aux cépages rouges de mûrir et de développer des arômes pleins et complexes. Les rouges californiens les plus fins viennent des vignobles situés sur les collines les moins chaudes, mais les rouges de l'État de Washington sont avantagés par rapport aux rouges californiens des vallées chaudes (Napa et Sonoma Valleys).

L'ÉTIQUETTE AMÉRICAINE

KATHERINE'S VINEYARD : tous les raisins proviennent de ce vignoble.

ESTATE BOTTLED : cela signifie que les raisins ont été cultivés par le producteur.

1995 : millésime.

CAMBRIA: producteur.

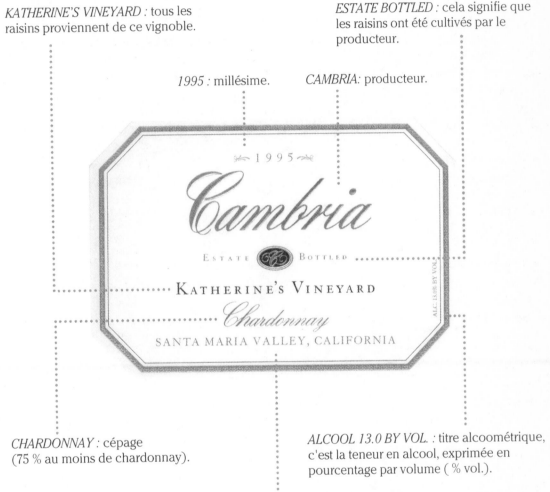

CHARDONNAY : cépage (75 % au moins de chardonnay).

ALCOOL 13.0 BY VOL. : titre alcoométrique, c'est la teneur en alcool, exprimée en pourcentage par volume (% vol.).

SANTA MARIA VALLEY : AV (« aire viticole » reconnue par la loi américaine) correspondant à peu près à l'appellation d'origine française. L'aire désignée aurait pu être plus vaste « Santa Barbara County », (comté de Santa Barbara) ou encore plus générale, avec par exemple la seule mention « Californie ».

L'État de Washington s'est spécialisé dans la production de vins blancs « propices aux climats froids » comme le chenin blanc et le riesling. L'Oregon produit, quant à lui, un pinot noir de grande qualité qui apprécie les températures relativement fraîches pendant la période de croissance. La Californie, qui a si bien réussi avec le cabernet-sauvignon, a eu, pendant des dizaines d'années, d'énormes difficultés avec les pinots noirs.

Le climat de l'Oregon leur convient en revanche à ravir. Ces vins sont souvent appelés « bourguignons », un qualificatif que l'on associe guère aux pinots californiens. Mais c'est à Joseph Drouhin, un producteur de Bourgogne, que le pinot noir de l'Oregon doit son plus bel hommage. Trouvant ces vins d'une qualité exceptionnelle, la famille Drouhin a acquis des vignobles dans la région et a démarré sa propre production. Aujourd'hui, le Domaine Drouhin Oregon, « cuvée Laurene », est considéré par certains comme l'un des pinots noirs américains les plus fins de tous les temps.

Le pinot gris, un cépage que l'on trouve surtout en Alsace et en Italie et qui préfère les climats frais, est un autre succès de l'Oregon. Ces meilleurs pinots gris rivalisent d'ailleurs avec les meilleurs pinots gris d'Europe.

Les vins de l'Idaho ont également acquis une bonne réputation. C'est à la fin du XIXe siècle qu'y débute la production vinicole (un vin de l'Idaho reçoit même une médaille à l'Exposition universelle de Chicago en 1898). Mais il faut attendre les années 1970 pour que les vins issus de *Vitis vinifera*, et notamment le riesling, atteignent le marché. Outre le riesling, le gewurztraminer produit aussi de bons vins blancs très agréables et bon marché. De nombreux essais sont, à l'heure actuelle, menés avec différents cépages rouges.

Même si la Californie fait partie des meilleures régions viticoles au monde – et elle est mieux placée que beaucoup de pays producteurs de vin –, il ne faut pas oublier cependant que son climat très chaud n'est pas propice à la culture de tous les cépages. Les régions plus fraîches de la côte pacifique nord-ouest apportent un heureux complément à la production californienne.

Lorsque vous achetez un vin provenant de l'Idaho, de l'Oregon ou de l'État de Washington, optez pour un cépage inexistant en Californie (riesling, pinot gris, gewurztraminer et pinot noir).

Voici quelques producteurs dont les vins valent la peine d'être goûtés.

Argyle (Oregon)
Domaine Drouhin (Oregon)
The Eyre vineyard (Oregon)

Château St. Michelle (État de Washington)
Hyatt (État de Washington)
Leonetti (État de Washington)
The Hogue Cellars (État de Washington)
Ste Chapelle (Idaho)

Les vins d'Australie

La production vinicole a débuté en Australie peu de temps après le débarquement des premiers immigrants qui introduisirent la vigne en 1788. Géographiquement isolée du reste du monde, l'Australie développa ses propres techniques de production, très distinctes de celles pratiquées en Europe. L'isolement et les conditions climatiques particulières de l'île (ensoleillement intense et vent frais) contribuèrent à rendre les vins australiens uniques et hors du commun. Un vin de cépage connu (chardonnay ou syrah, par exemple) présentera des caractéristiques originales s'il est cultivé en Australie.

Les assemblages de vins de cépage sont couramment pratiqués en Australie. Chardonnay-sémillon et cabernet-sauvignon/syrah sont les deux assemblages les plus fréquents. Cette pratique date d'avant l'explosion du marché du vin dans les années 1970, période à laquelle les vins de cépage sont devenus très prisés. Les Australiens savaient, comme les Européens, qu'un bon assemblage pouvait donner un résultat bien supérieur à la somme des deux cépages.

L'Australie cultive tous les types de vigne. Les vins blancs secs sont généralement issus de chardonnay ou d'un assemblage chardonnay/sémillon. Infesté par le *Botrytis*, le sémillon offre un vin liquoreux d'un excellent rapport qualité/prix qui n'a pas de complexe à avoir comparé au sauternes, son cousin français très célèbre mais plus cher. L'Australie cultive également une petite quantité de sauvignon blanc. Le climat du pays est idéal pour répondre à la demande croissante de merlot. Ce vin de cépage très prisé donne des vins rouges de styles très différents, partageant cependant des caractéristiques communes : acidité faible, tanins légers et vins faciles à boire. Le cabernet-sauvignon peut donner de très bons vins, peu onéreux. La syrah (ou shiraz) donne toujours de bons vins, pour certains excellents.

Bon marché, la syrah donne des vins de tous les styles, pour certains très complexes.

Cultivée dans les régions chaudes, elle est à l'origine de vins aux arômes de fruits frais et de fruits secs, idéaux pour boire au coin du feu ou pour accompagner un repas. L'assemblage de syrah et de cabernet-sauvignon est l'un des meilleurs rapports qualité/prix. Il est polyvalent, parfois complexe et généralement délicieux.

L'Australie est surtout un pays de vins rouges, mais ce continent développe des vins blancs qui sont en passe d'atteindre le rapport qualité/prix des rouges. Grâce à des techniques de production innovatrices, les viticulteurs corrigent l'excès d'arômes de fruits tropicaux et l'acidité insuffisante qui donne un vin mou.

Depuis les années 1980, les vins mutés sont en forte diminution et les vins australiens ont de plus en plus un profil classique européen : les cépages sont majoritairement d'origine française. Sur son immense territoire, l'Australie bénéficie de conditions climatiques favorables à la culture de la vigne. Ses vins devraient continuer à s'améliorer qualitativement, il ne faudrait pas que les prix augmentent.

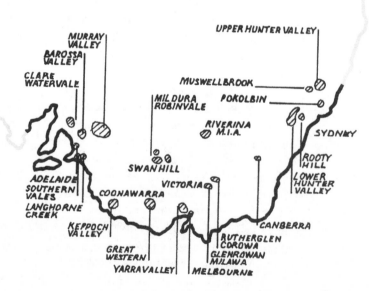

L'ÉTIQUETTE AUSTRALIENNE

SHIRAZ CABERNET : variétés utilisées car aucune des deux n'atteint 85 % du total. Dans ce cas, le vin n'est pas autorisé à prendre le nom de vin de cépage et l'étiquette doit mentionner le pourcentage de chaque variété présente.

SOUTH EASTERN AUSTRALIA: région d'origine.

LINDEMANS : producteur.

CAWARRA HOMESTEAD : propriété où le vin est produit.

CAWARRA
HOMESTEAD
1993
SOUTH EASTERN AUSTRALIA
SHIRAZ
CABERNET
58 % SHIRAZ · 42 % CABERNET SAUVIGNON

58 % SHIRAZ, 42 % CABERNET-SAUVIGNON : assemblage de variétés utilisées.

Les vins d'Allemagne

L'Allemagne produit énormément de vins blancs de qualité et pratiquement aucun rouge digne d'intérêt. Très peu sont d'ailleurs exportés. L'Allemagne figure parmi les plus grands pays producteurs de vin (au 6e rang mondial) grâce à ses vins blancs (80 % de la production) et notamment ses rieslings. Sa production représente 20 % de la production française. Elle se vend principalement dans le pays, mais elle s'exporte néanmoins en partie, notamment en France. La consommation de vin est nettement moins développée en Allemagne qu'en France, puisqu'elle atteint seulement un tiers de la consommation française, ce qui la place au 12e rang mondial.

Si le chardonnay et le riesling sont les deux principaux cépages cultivés, l'Allemagne cultive également d'autres variétés. Les vins allemands présentent souvent un fruité affirmé. Ils sont généralement secs mais ont un titre alcoométrique modeste (autour de 11 % vol.).

L'Allemagne a adopté un système de classement des vins qui respecte les règles européennes. Il existe deux catégories principales :

Les vins de qualité produits dans une région déterminée (VQPRD)

Cette catégorie se divise en deux sous-catégories :

Qualitätswein bestimmter Anbaugebiete : (QbA) qui désigne le niveau de base des vins de qualité.

QbA représente les vins de qualité provenant d'une aire désignée. Sauf si l'étiquette le mentionne, le vin est issu d'une autre variété que le riesling et souvent de plusieurs variétés : sylvaner, müller-thurgau (assemblage de riesling et de sylvaner) et gewurztraminer. Sur l'étiquette, on trouve obligatoirement le nom de la région déterminée et parfois celui du cépage et de l'aire viticole.

Qualistätswein mit Prädikat : (QmP) signifie vins de qualité avec prédicat et désigne les vins de qualité supérieure.

Les informations portées sur l'étiquette sont beaucoup plus complètes pour ces vins. Cette sous-catégorie comporte six mentions ayant trait au mode de récolte des raisins et par conséquent à leur richesse en sucre. Les vignobles allemands sont situés très au nord et doivent se développer sous des climats particulièrement froids. Le raisin a parfois du mal à arriver à maturité, ce qui explique que les grains sucrés soient très prisés. La chaptalisation, c'est-à-dire l'addition de sucre au moût pour l'enrichir en alcool par fermentation, n'est pas autorisée pour les QmP.

Deutscher Tafelwein : qui comprend également les Landwein (vin de pays) : catégorie des vins de table. C'est la catégorie de qualité inférieure.

Voici les six mentions des QmP :

Kabinett : les baies sont arrivées à parfaite maturité (9,5 % au minimum de potentiel alcoométrique).

Spätlese : la vendange est retardée (de sept jours au minimum) pour arriver à une relative surmaturité.

Auslese : les meilleures grappes sont sélectionnées à un stade de maturité avancé pour produire un vin doux.

Beerenauslese : les grains atteints par la pourriture noble, *Botrytis cinerea,* sont sélectionnés pour élaborer un vin liquoreux très doux.

Trockenbeerenauslese : sélection de baies botrytisées de raisins surmûris pour l'élaboration du vin liquoreux le plus doux et le plus cher d'Allemagne.

Einswein : récolte de grains gelés sur souche à au moins -7 °C. Les grains sont pressés encore gelés pour extraire la forme concentrée des sucres, des acides et de toutes les autres qualités des baies.

En 1994, un nouveau groupe inspiré du système des appellations d'origine a été créé. Il s'agit du *Qualitätswein garantierten Ursprungs* (QgU) qui permet aux régions de fixer des règles particulières de production (prévision de vin sec ou demi-sec, types d'assemblage de cépages). L'origine géographique (de l'aire la plus large à l'aire la plus restreinte) doit également figurer sur l'étiquette en plus de

AHR
MOSEL-SAAR RUWER
MITTELRHEIN
RHEINGAU
NAHE
RHEINHESSEN RHEINPEA
HESSISCHE BERGESTRASSE
FRANKEN
WÜRTTEMBERG
BADEN

L'ÉTIQUETTE ALLEMANDE : QBP

MOSEL-SAAR-RUWER : région
d'origine de qualité.

RIESLING : cépage.

SCMITT SOHNE : producteur.

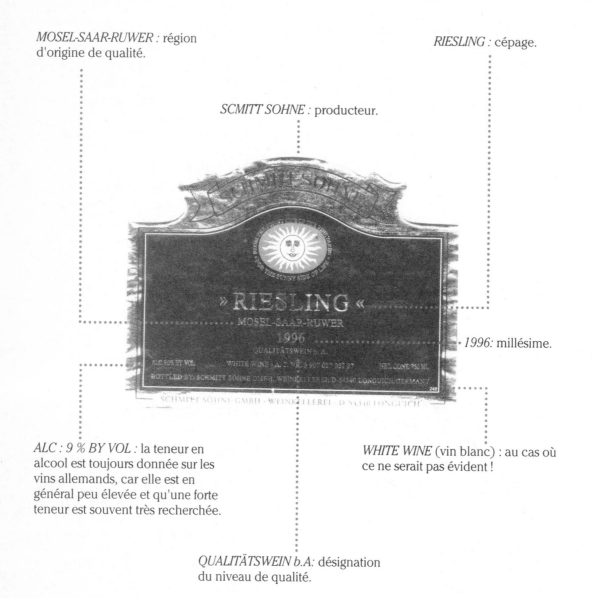

1996: millésime.

ALC : 9 % BY VOL : la teneur en
alcool est toujours donnée sur les
vins allemands, car elle est en
général peu élevée et qu'une forte
teneur est souvent très recherchée.

WHITE WINE (vin blanc) : au cas où
ce ne serait pas évident !

QUALITÄTSWEIN b.A: désignation
du niveau de qualité.

L'ÉTIQUETTE ALLEMANDE : QMP

1991er : année de vendange. Le suffixe « er » est un germanisme que l'on trouve encore sur les étiquettes des vins fins.

BRAUNEBERGER JUFFER : les raisins proviennent du vignoble Juffer situé dans le village de Brauneberg.

WILLI HAAG : producteur.

RIESLING : cépage. Si aucune variété n'est mentionnée sur un QmP, on peut supposer qu'il s'agit de riesling.

ALC. 8,0% BY VOL .: teneur en alcool donnée dans tous les pays européens pour les vins QmP.

KABINETT : teneur en sucre des baies au moment de la vendange. « Kabinett » désigne un raisin arrivé à maturité normale.

QUALITÄTSWEIN MIT PRÄDIKAT : QmP, le niveau de qualité le plus élevé.

A.P.# : le Amtliche Prufungsnummer, un code d'authentification complexe dont les deux derniers chiffres (ici 92) représentent l'année de mise en bouteilles.

la désignation qualitative. Enfin, un numéro de contrôle est inscrit sur chaque bouteille.

Lorsque vous achetez un vin allemand, vérifiez que le terme *trocken* (qui signifie sec) figure également sur l'étiquette. *Habtrocken* veut dire demi-sec.

Tous les QmP sont issus du riesling (sauf mention contraire sur l'étiquette).

Les Kabinett et les Spätlese sont aussi complexes et aussi délicieux que les chardonnays. La tendance est aujourd'hui à la production de rieslings QbA. D'un très bon rapport qualité/prix, ils se marient parfaitement à la cuisine épicée, car leur touche sucrée atténue le feu des épices.

L'Allemagne produit également un vin effervescent, le Sekt, très différent des vins pétillants français et californiens généralement issus du chardonnay ou du pinot noir. Le Sekt est élaboré à partir du riesling ou d'autres variétés allemandes. Il atteint un très bon niveau de qualité lorsqu'il est produit selon la méthode traditionnelle.

La Moselle-Sarre-Ruwer (le long de la Moselle et de ses deux tributaires) et la vallée du Rhin (Rheingau [Rhénanie], Rheinhessen et Rheinpfaltz) constituent les deux principales grandes régions viticoles allemandes. La culture du riesling y domine sans conteste : le riesling de la Moselle présente un goût de minéral et de citron en plus de son bouquet floral. Le riesling du Rhin est, quant à lui, souvent plus riche et possède un goût fruité qui rappelle l'abricot. Ces deux grandes zones rivales se distinguent par la couleur de leurs bouteilles : les vins de Moselle ont des bouteilles vert clair, tandis que ceux du Rhin ont des bouteilles brunes.

Les vins d'Espagne

L'industrie espagnole du vin est aussi ancienne que l'industrie vinicole française et, pourtant, les similitudes entre les deux sont bien peu nombreuses. À l'exception des vins de la région de la Rioja, les vins de table secs espagnols sont peu connus à l'étranger.

À toutes choses, malheur est bon : lorsque le phylloxéra a infesté le vignoble bordelais, les viticulteurs ont quitté la France pour s'installer dans la région de la Rioja. Là, ils ont transmis leur savoir-faire aux viticulteurs locaux à qui ils ont appris à élaborer un vin de qualité à partir des vignes de la région, le tempranillo, le cépage noble de la Rioja.

Le rioja rouge (comme en France, le vin porte le nom de la région dans laquelle il est élaboré) est un vin de grande qualité.

Il existe quatre classes de vins blancs, rouges ou rosés :

Joven : sans vieillissement.

Crianza : vins conservés deux ans au moins en cave avec une année au minimum en barrique.

Reserva : vins conservés au moins trois ans en cave (rouges) et deux ans (blancs et rosés) avec au moins un an en fût de chêne.

Gran reserva : vins conservés au moins cinq ans (rouges) et quatre ans (blancs et rosés) en cave dont deux ans en barrique de chêne.

Les reserva et gran reserva sont parfois accusés de sentir le chêne.

Issus de la viura, une variété locale, les riojas blancs n'ont pas la même réputation ni le même niveau de qualité que le rouge, même si certains sont bons.

Bien que moins connue que la Rioja, la Catalogne produit la plus grande partie des vins du pays. Le Pénedès, une vaste zone viticole située au sud de Barcelone, est certainement amené à jouer un plus grand rôle dans l'exportation des vins espagnols dans un avenir proche. Des cépages comme le merlot, le pinot noir et le cabernet-sauvignon y ont été plantés récemment.

L'ÉTIQUETTE ESPAGNOLE

BERBERANA : producteur.

1988 : millésime

RESERVA : indication signifiant que le vin a au moins trois ans d'âge (en fût de chêne puis en bouteilles).

RIOJA-Denominacion de Origen Calificada : Rioja représente la région et la suite est l'équivalent de notre A.O.C.

Les régions du Pénedès et de Conca de Barberá produisent également de bons vins effervescents, les cavas. Si les principaux producteurs de cavas utilisent des variétés de raisin locales, inconnues ailleurs, les vins pétillants de qualité sont issus du chardonnay. Si vous êtes tenté par un mousseux espagnol, vérifiez bien que les mentions « élaboré selon la méthode traditionnelle » et « brut » figurent sur l'étiquette.

Le xérès (ici appelé jerez) reste cependant l'une des plus célèbres appellations d'origine espagnole.

Les vins du Portugal

La vigne est cultivée au Portugal depuis l'Empire romain. Pendant la Renaissance, les nombreux échanges commerciaux avec l'Angleterre ont contribué au développement et au renom des plus célèbres vins liquoreux du Portugal : le porto et le madère. Pourtant, mis à part quelques rosés bon marché (mateus et lancers) et le vinho verde, les vins de table portugais restent peu connus des consommateurs. Plusieurs raisons expliquent cette situation.

Tout d'abord, il n'existe pas au Portugal d'équivalent espagnol de la Rioja, région produisant des vins bon marché de grande qualité. De plus, les viticulteurs portugais ont préféré cultiver des cépages locaux, inconnus ailleurs que dans leur pays, que des variétés plus célèbres comme le chardonnay ou le merlot, ce qui aurait pu leur permettre de prendre immédiatement une part de marché.

C'est pour toutes ces raisons (et leur faible coût) que le vin portugais mérite d'être goûté. Même s'ils cultivent des variétés inconnues, les viticulteurs portugais ont adopté la tradition européenne et élaborent des vins légers destinés à accompagner les repas.

Il existe au Portugal plusieurs régions produisant des vins de table :

Province de Minho
Vallée du Douro
Trás-os-Montes
Beiras
Dão
Région de Bairrada
L'Estrémadure

L'ÉTIQUETTE PORTUGAISE

PERIQUITA : nom du cépage et
de la marque déposée.

VINHO REGIONAL TERRAS :
région d'origine.

JOSE MARIA DA FONSECA :
producteur.

Le millésime est indiqué sur la collerette.

Les étiquettes portugaises mentionnent généralement le nom de la région, la principale variété utilisée et la couleur du vin. Tinto signifie rouge, branco, blanc. On trouve aussi parfois la ville dans laquelle le vin a été élaboré.

Le vinho verde (qui signifie vin vert) est un vin jeune et acide, rendu parfois pétillant après une seconde fermentation malolactique en bouteilles. Ce vin est produit dans la région qui s'étend entre la province de Minho et la vallée du Douro.

Le termes de « Carrafeira », « Maduro » et « Reserva » signifient vin mûr.

Voici quelques-unes des variétés que vous pouvez rencontrer :
Periquita (rouge)
Tinta Roriz (rouge)
Touriga-francesca (rouge)
Touriga Nacional (rouge)
Esgana Cao (blanc)
Verdelho (blanc)
Arinto (blanc)

Les vins du Chili

Avec 4 000 kilomètres de long et moins de 100 de large, le Chili est le pays de tous les climats et de tous les contrastes. Bon marché, les vins de cépage du Chili constituent une rude concurrence pour les vins californiens. Le Chili est d'ailleurs le second exportateur de raisin de table du monde.

Il n'existe pas de vigne autochtone au Chili. L'activité viti-vinicole débuta en fait avec l'arrivée des premiers immigrants d'origine européenne. Les viticulteurs cultivent des cépages très connus comme le chardonnay, le merlot et le cabernet-sauvignon. Aujourd'hui, le Chili produit des vins de style californien, mûrs et fruités.

En règle générale, les rouges sont meilleurs que les blancs. Les professionnels français et américains investissent en masse dans l'industrie du vin chilienne, de sorte que le Chili est en passe de devenir une grande puissance vinicole. Le vin occupe déjà une place prépondérante dans la balance commerciale du pays. Les vins chiliens s'exportent bien, principalement en Europe, puis en Amérique du Nord.

L'ÉTIQUETTE CHILIENNE

120 SANTA RITA : marque
déposée/producteur.

1989 : Attention, dans
l'hémisphère sud, la vendange
a lieu au printemps et non à
l'automne comme dans
l'hémisphère nord.

MERLOT : cépage. Le Chili doit
encore faire ses preuves pour
les vins autres que les vins de
cépage.

Les vins d'Afrique du Sud

L'Afrique du Sud est connue en Europe pour ses vins fins depuis le milieu du XVIIe siècle. Toutefois, l'industrie du vin a lourdement pâti des sanctions prises à l'encontre du pays dans les années 1970 et 1980. Le changement de régime intervenu le 2 janvier 1991 a amorcé la reconquête du marché mondial. Aujourd'hui, l'Afrique du Sud est le huitième producteur de vin au monde.

L'encépagement est constitué de chenin blanc (appelé steen), de colombard, de muscat d'Alexandrie et de cabernet-sauvignon. Le sauvignon blanc, le chardonnay et le merlot sont en progression. Les meilleurs vins sud-africains sont légers et frais avec des contrastes fruités et minéraux. Dans l'ensemble, les blancs ont une meilleure réputation que les rouges, mais ces derniers valent réellement la peine d'être goûtés. Le rouge le plus intéressant est le pinotage, un assemblage de pinot rouge et de cinsault, un cépage rouge du Rhône. La syrah donne également de bons vins. Mais le vin le plus célèbre est, sans conteste, le constantia, nom d'un domaine sud-africain de la région du Cap.

Le système d'étiquetage oblige à indiquer la région géographique d'origine. L'Afrique du Sud compte huit grandes régions viticoles : Paarl, Stellenbosch, Worcester, Robertson, Little Karoo, Malmesbury, Olifants River et Orange River.

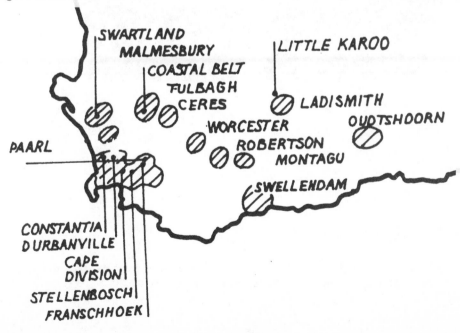

L'ÉTIQUETTE SUD-AFRICAINE

CABERNET SAUVIGNON : cépage.

W.O. : que l'on trouve aussi en toutes lettres « wine of origin » (vin d'origine). Ici, la région côtière est la région officiellement certifiée où le vin a été élaboré.

SPRINGBOK : producteur.

SPRINGBOK
Cabernet Sauvignon
W.O. COASTAL REGION

RED TABLE WINE
PRODUCT OF SOUTH AFRICA 750 ML
CAPE PRINTING

RED TABLE WINE : type de vin, ici vin de table.

Si le millésime n'apparaît pas sur l'étiquette principale (appelée étiquette de corps), elle se trouve sur la collerette ou sur la contre-étiquette.

Les vins du Canada

Soyons honnêtes : le climat canadien n'est pas idéal pour la culture de la vigne. Comme si cela ne suffisait pas, l'industrie vinicole canadienne (comme celle des États-Unis) a été paralysée par la prohibition et a eu d'énormes difficultés à se redresser par la suite. Avant 1980, la viticulture commerciale n'existait même pas et le vin canadien s'exporte encore très peu.

Le Canada cultive surtout des cépages résistants et précoces issus d'hybrides français, capables de supporter des hivers très froids, mais on y trouve aussi quelques *vinifera* traditionnels. Les deux principales régions viticoles sont l'Ontario et la Colombie britannique. Le blanc est majoritaire, avec des cépages tels que l'auxerrois, le chardonnay, le gewurztraminer, le pinot blanc, le riesling et deux hybrides, le seyval et le vidal. Le rouge est représenté par le gamay, le pinot noir, le cabernet-sauvignon, le cabernet-franc, le merlot et deux hybrides, le foch et le baco. Autre spécialité du Canada, l'icewine (vin de glace), obtenu à partir de raisins cueillis et pressurés encore gelés. Le Canada pratique aussi les vendanges tardives et produit des vins botrytisés de grande qualité.

Quelques vins à part

Voici quelques vins, si différents de tout ce que l'on peut trouver, qu'ils méritent que l'on s'y attarde un peu. C'est une bonne façon de voir le vin avec un regard différent.

LE RETSINA

Vin préféré des Grecs, le retsina est un vin blanc ou rosé au goût de résine de pin d'Alep. L'explication de cette particularité remonte à l'Antiquité. Pour mettre le vin à l'abri de l'air, les Grecs anciens scellaient hermétiquement les jarres et les amphores à l'aide d'un mélange de plâtre et de résine de pin. Le goût puissant du pin est devenu, au fil des siècles, l'un des composants essentiels des vins grecs.

Lorsque les bouteilles sont arrivées sur le marché, la résine de pin a continué d'être utilisée dans l'élaboration du vin car, pensait-on, l'ajout de résine dans le moût jouait un rôle de conservateur. Si cela vous semble étrange, rappelez-vous que le chêne est

souvent l'un des arômes des vins. Les retsinas se marient très bien avec la cuisine grecque.

LE VOUVRAY SEC

Les viticulteurs de Vouvray (dans la Loire) s'en remettent à la météo pour élaborer leur vin. Les saisons chaudes et ensoleillées, ils produisent un délicieux vouvray blanc demi-sec. Les saisons froides et pluvieuses, ils produisent un vin sec qui peut devenir le vin le plus acide au monde.

Les connaisseurs apprécient généralement les vins blancs très acides, raison pour laquelle ce vin a ses partisans. Si vous voulez vous laisser tenter par cette expérience, accompagnez votre vin avec un mets tels qu'un plat de crustacés qui convient parfaitement. Les fromages crémeux se marient aussi très bien avec ce vin, car leur texture contraste avec son acidité.

LA RIOJA GRAN RESERVA

Les vins les plus fins de la région espagnole de la Rioja sont traditionnellement vieillis jusqu'à dix ans en fûts de chêne. Déjà peu fruités au départ, les riojas perdent leurs arômes de fruits au fur et à mesure des années passées en barriques, l'arôme du chêne finissant par dominer. La qualité de la rioja n'est nullement déséquilibrée par ce composant. La rioja gran reserva est un vin très sec, au goût de chêne, au corps léger, voire intermédiaire déployant des arômes subtils et complexes mais non fruités. Elle fait merveille avec l'agneau.

LES CHARDONNAYS AUSTRALIENS

Nombre de chardonnays australiens déploient une exubérance d'arômes fruités. La conjonction du très fort ensoleillement et de la brise fraîche conduit les baies au stade de maturité le plus avancé. Très mûrs, les grains perdent une part importante de leur acidité, laissant place à une grande palette d'arômes de fruits : banane, ananas, pêche, noix de coco, papaye et figue.

Les chardonnays australiens les plus audacieux présentent un titre alcoométrique élevé, une forte odeur de chêne et des arômes fruités extrêmement riches. Comme tous les vins fruités, ils se

boivent très bien seuls et ne sont pas toujours faciles à accommoder. Ils accompagnent idéalement certains poissons et les fruits de mer, notamment ceux qui ont une affinité avec les fruits. Les crevettes, le homard, l'espadon et le requin sont excellents avec ces vins blancs de caractère.

LE MUSCAT NOIR

Ce jus de raisin doux est aussi délicieux qu'étrange. Le muscat noir ne ressemble à aucun vin. Plus souvent cultivé pour être mangé que pour donner du vin, le muscat noir produit néanmoins un vin doux et épicé.

Il est difficile d'imaginer ce vin avec un repas. C'est au contraire un vin qui ressemble au porto mais en moins alcoolisé, à déguster au coin du feu.

L'aléatico, une variété de cépage rouge qui a un goût très prononcé de muscat, est cultivé en Italie où il donne d'excellents vins. On en trouve un peu en Corse. Le muscat du cap Corse est le vin de fête par excellence en Corse : il se boit à l'apéritif ou avec du foie gras. Il accompagne aussi délicieusement les desserts.

LES VIEILLES VIGNES ROUGES

Les pieds de vigne commencent à donner des grappes utilisables pour l'élaboration du vin dans leur cinquième année et continuent de produire de façon régulière pendant une quinzaine d'années environ. Après ce laps de temps, les ceps arrivent dans l'âge mûr et le rendement régresse. Pour un grand nombre de viticulteurs misant sur le volume de production, c'est alors le moment de planter de nouveaux pieds. Quelques-uns pourtant, misant davantage sur la qualité que la quantité, préfèrent conserver leurs vieilles vignes. Si elles produisent nettement moins de raisin, celui-ci donne des vins aux arômes plus complexes et plus concentrés que les vins issus de vignes du même cépage mais plus jeunes.

En France, on trouve un grand nombre de « vieilles vignes », notamment en Bourgogne. L'une des plus connues est certainement le Domaine Ponsot Clos de la Roche Vieilles Vignes.

Les zinfandels « vieilles vignes » sont également très répandues en Californie où l'on trouve également des petites-syrah « vieilles vignes ». Ces deux variétés donnent des vins concentrés et poivrés.

L'ALSACE GEWURZTRAMINER

L'Alsace gewurztraminer est un vin à la personnalité excentrique. Ses arômes directs de litchis, de pétales de rose et de zestes de pamplemousse envahissent les sens et font de ce vin l'une des variétés les plus facilement reconnaissables. Il accompagne délicieusement les saucisses et les sauerkraut, avec lesquelles il entretient une affinité régionale, mais aussi les volailles rôties. Il magnifie aussi un fois gras et parfume un dessert aux fruits confits.

Riche en alcool et faible en acidité, le gewurztraminer est parfois mou et sucré même s'il est sec. Les plus grands producteurs d'Alsace sont le Domaine Zind Humbrecht, Trimbach et le Domaine Hugel.

CHAPITRE 7

ACHETER ET DÉGUSTER DU VIN

MIS EN BOUTEILLE PAR FIRST

PRODUCE OF FRANCE

12 % vol.

Acheter au détail

À moins de savoir avec certitude le vin que vous voulez acheter, le choix est difficile. Votre objectif est donc de rapporter chez vous un vin qui vous plaira, pour lequel vous aurez déboursé la somme que vous comptiez dépenser. Mais combien de fois avez-vous acheté la même bouteille que la fois précédente ?

Si aucun caviste ou marchand de vin n'est identique, il est néanmoins possible de dégager quelques généralités qui pourront vous aider à choisir le type de magasin vers lequel il est préférable de vous diriger. Il existe des grandes surfaces, des détaillants ou cavistes, mais vous pouvez aussi acheter directement à la propriété si vous vous trouvez dans une région viticole ou profiter des salons du vin, organisés tout au long de l'année. Comptant généralement sur le volume de ventes, les grandes surfaces peuvent appliquer des prix inférieurs. Plus le magasin est grand, plus vous aurez des prix bas. Mais attention, cela ne veut pas dire que les grandes surfaces sont toujours préférables aux cavistes et détaillants.

La compétence du ou des vendeurs est un autre argument aussi important que le prix des bouteilles. Il revient évidemment plus cher d'employer un spécialiste en vin qu'un simple étalagiste sans qualification. Plus la main-d'œuvre est qualifiée, plus elle revient cher. Les magasins de vin (quelle que soit leur taille) qui offrent un service de qualité ne peuvent bien évidemment pas consentir de gros rabais sur leurs prix de vente.

Voilà exposés les deux paramètres qui doivent guider vos choix. Maintenant, il ne vous reste plus qu'à choisir entre ces différentes possibilités :

1. L'achat chez le caviste ou détaillant
2. L'achat dans un petit magasin sans spécialiste
3. L'achat en grande surface
4. L'achat à la propriété
5. L'achat dans les salons du vin

L'ACHAT CHEZ LE CAVISTE OU DETAILLANT

Il y a bien sûr caviste et caviste… Les bons cavistes sont des passionnés par excellence, amoureux du vin. Ils ont testé toutes les références qu'ils proposent et connaissent aussi tous les vignerons. L'avantage de ce type de magasin est qu'en règle générale vous ne risquez aucune mauvaise surprise. Si vous désirez un renseignement, le caviste se fera un plaisir de vous le donner !

Le revers de la médaille est bien entendu le prix qui sera plus élevé que dans n'importe quel autre type de magasin, même pour les vins de base. Le pouvoir d'achat des cavistes est inférieur à celui des grandes surfaces, car ils ne pratiquent pas la vente par volume.

LES PETITS MAGASINS SANS SPÉCIALISTE

Dans ce type de magasin, on ne trouve généralement que les grandes marques. Et alors ? Cela peut de toute façon dépanner. Les prix sont élevés, ce qui est normal pour ce type de magasin. Attention, le choix est bien souvent plus que limité et vous risquez de repartir déçu.

L'ACHAT EN GRANDES SURFACES

Les grandes surfaces sont des magasins ayant un très fort pouvoir d'achat, ils achètent les marques d'alcool par palettes entières. Ils bénéficient d'importantes réductions à l'achat qu'ils répercutent sur les prix de vente. Bien souvent, ceux-ci sont même inférieurs au prix auquel les petits détaillants achètent les alcools auprès de leurs grossistes ! L'avantage des grandes surfaces est d'offrir des prix imbattables ainsi qu'une grande sélection de vins français et étrangers. L'autre point fort est d'offrir un choix très vaste de vins courants et une variété importante de crus classés. L'achat en super ou hypermarchés est tellement ancrée dans les habitudes d'achat des Français que 70 % des vins de Bordeaux sont vendus par cette filière !

Comment reconnaître une bouteille en mauvais état ?

Comme lors de n'importe quel autre achat, vous voulez vérifier si la bouteille est en bon état. Voici quelques petits trucs :

1. Vérifiez que la bouteille est pleine. Aujourd'hui, avec l'embouteillage industriel, le problème a pratiquement disparu, mais il est bon de regarder le niveau du vin dans le goulot. Pourquoi devrait-on payer le même prix si l'on est moins bien servi ?

2. Posez le doigt sur le bouchon à travers l'entourage métallique et vérifiez qu'il n'est ni trop enfoncé, ni pas assez. Il doit arriver à l'extrémité du goulot. Si ce n'est pas le cas, il se peut que le bouchon lui-même soit mauvais ou que la bouteille ait été soumise à des températures extrêmes.

3. Placez la bouteille à la lumière et regardez si le vin est clair ou trouble. Seules les vieilles bouteilles doivent comporter des lies. Les vins provenant d'un même " berceau " doivent présenter la même couleur. Si vous n'arrivez pas à déterminer laquelle est la bonne couleur, optez pour un autre vin.

4. Avant de choisir un magasin, vous devez être certain que le vin y est conservé à des températures fraîches 24 h sur 24. Les éclairages lumineux ou les emplacements près d'une source de chaleur sont aussi à proscrire.

Attention cependant, ces magasins doivent vendre beaucoup. Le risque est donc une éventuelle baisse de qualité, sacrifiée sur le sacro-saint autel de la rentabilité. Mais si vous cherchez des marques connues, ou si vous voulez acheter en gros, c'est assurément l'endroit idéal.

Autre atout des grandes surfaces : les foires au vin organisées au moment des vendanges (début septembre) et avant les fêtes de fin d'années. Extrêmement populaires, ces foires sont l'occasion d'acheter des vins prestigieux à des prix plus que raisonnables. Si vous ne disposez pas d'un gros budget, c'est le moment où jamais d'acquérir des vins nettement plus chers.

L'ACHAT A LA PROPRIÉTÉ

Si vous habitez une région viticole, acheter à la propriété est bien évidemment plus pratique. Si vous n'habitez pas dans une région viticole, l'achat à la propriété fait souvent partie des sorties culturelles des vacances et c'est une occasion de visiter un vignoble et de découvrir les méthodes de vinification. C'est le meilleur moyen de parler aux vignerons et de déguster un vin qui souvent n'est pas vendu en magasin.

Les prix y sont intéressants, car le vin passe directement du producteur au consommateur, évitant ainsi les différents intermédiaires. Attention cependant, lorsque les vins sont aussi vendus par les détaillants et les cavistes environnants, vous risquez de les payer plus chers à la propriété. En effet, elle n'a aucun intérêt à concurrencer ses produits en magasin et

vous fera payer ainsi la dégustation et la visite. Mais cela reste une exception. L'achat à la propriété est surtout l'occasion d'acquérir des vins que l'on ne trouve pas dans le commerce.

LES SALONS DU VIN

Très nombreux, les salons du vin sont l'occasion de réunir producteurs et consommateurs. C'est l'endroit idéal pour déguster de nouveaux vins, demander conseils et parler avec des professionnels. Bien souvent, les prix pratiqués sont intéressants (et notamment les offres spécial salon). Le client dispose de ses bouteilles sur le champ (ce qui évite les frais de port).

Un petit conseil : venez tôt le matin, dès l'ouverture si possible, et n'attendez pas midi (l'heure de l'apéro !) pour faire le tour des stands de dégustation, vous risquez de ne pas être seul !

Inutile de rappeler ici que les producteurs installent des stands de dégustation et non des buvettes… Un minimum de correction est de rigueur et quelques mots de remerciement seront les bienvenus.

QUE TROUVE-T-ON CHEZ UN MARCHAND DE VIN ?

Grâce aux informations précédentes, vous devriez être capable de déterminer à qui vous adresser. La seconde étape consiste à comprendre l'organisation des rayonnages. Les vins sont généralement disposés par régions et par couleurs, voilà pour les vins français. Les vins étrangers sont, quant à eux, le plus souvent classés par pays, rouges, blancs et rosés, mélangés. Les vins placés en tête de gondoles sont disposés de façon à attirer les clients et à partir au plus vite. Il s'agit souvent de bonnes affaires à prix cassés servant à attirer le consommateur.

Comment choisir lorsque vous ne disposez d'aucune aide ? Voici quelques tuyaux qui devraient vous permettre de ne pas choisir à l'aveuglette :

- *Regardez le cépage.* Si vous aimez le sauvignon blanc mais ne trouvez pas la bouteille dont vous avez l'habitude, cherchez le même cépage chez un autre producteur.
- *Regardez la région.* Le climat et le terroir jouant un rôle important, les cépages d'une même région présenteront des caractéristiques communes.

- *Fiez-vous au nom du producteur.* Si vous appréciez particulièrement un producteur, essayez un autre de ses vins. Les vins reflétant la personnalité de leur producteur, vous êtes pratiquement assuré que le vin aura été élaboré selon la même philosophie.

Profitez également des offres de dégustations organisées périodiquement par les grandes surfaces ou les cavistes. C'est la meilleure façon de découvrir les vins que vous n'avez pas encore osé acheter.

Les vins bon marché

On a tous besoin, un jour, d'acheter un vin bon marché, pour toutes sortes de raisons (par souci d'économie, pour faire une sangria, etc.). Quelle que soit la vôtre, vous ne voulez pas dépenser trop.

Acheter un très bon vin pour un barbecue ou un pique-nique est aussi incongru qu'acheter un vin courant pour un repas qui promet d'être succulent. Plus vos connaissances sur le vin s'affinent, plus vous découvrez les talents cachés des bouteilles un peu plus chères. Il est difficile ensuite de redescendre à des vins bon marché parce que vous vous rendez immédiatement compte de ce qui leur manque. Et pourtant, il faut bien se rendre à l'évidence que le vin coûte cher et que l'on ne peut pas toujours se permettre de dépenser autant qu'on le voudrait. Comment dénicher une bouteille à 30/40 F qui vous rappelle une bonne bouteille à 60/70 F ou qui est tout aussi bonne ?

Les vins de pays français sont des vins rouges, blancs ou rosés. Ce ne sont pas des vins ordinaires, parfois de bonne qualité, ils sont agréables à boire. La plupart, des vins de pays se trouvent dans le Languedoc-Roussillon, ils sont donc dotés de caractère.

Quelques vins de pays :
- Vins de pays des Bouches-du-Rhône.
- Vins de pays des gorges de l'Hérault.
- Vins de pays du duché d'Uzès.
- Vins de pays des côtes de Thau.
- Vins de pays de l'Ardèche.
- Vins de pays catalans.
- Vins de pays d'Aigues.
- Vins de pays des côtes de Gascogne.
- Vins de pays des coteaux de Peyriac.
- Vins de pays des coteaux du Quercy.
- Vins de pays des côtes de Thongue.
- Vins de pays des côtes du Tarn.
- Vins de pays des côtes de Perpignan.

LES VINS À ACHETER LES YEUX FERMÉS

Même si l'objectif de ce livre est de démystifier le vin, il y a bien trop d'options et de paramètres à prendre en considération pour que l'achat d'un vin ne soit pas un véritable casse-tête. Et ne pensez pas être sauvé lorsque vous avez trouvé un vin qui vous plaît : lorsque le millésime sera écoulé, il vous faudra repartir au combat car de nombreux vins diffèrent d'un millésime à l'autre. Donc il ne faut jamais acheter les yeux fermés, toujours se documenter avant et avoir la possibilité de déguster les vins.

Les achats les plus aventureux

POURQUOI FAIT-ON UN MAUVAIS ACHAT ?

Personne n'est à l'abri de l'achat d'un vin mauvais. Il aurait mieux valu pour certains vins (c'est un peu comme pour les films) qu'ils ne voient jamais le jour !   Il existe aussi des vins, comme des films, qui ne sont pas mal en eux-mêmes mais qui ne nous plaisent pas. Si vous partez acheter une bouteille à l'aveuglette et qu'en plus vous ne connaissez pas vos goûts, il y a des chances pour que vous rentriez avec un vin que vous n'aimerez pas !

Si vous cherchez un vin pour accompagner un plat, vous allez être confronté au syndrome du « bon vin au mauvais moment ». L'idée d'acheter le bon vin est stupide. Lorsque vous envisagez de repeindre votre maison, vous choisissez la bonne couleur dans une gamme plus ou moins variée d'échantillons. Mais quand il s'agit de vin, tout se complique. Très vraisemblablement, vous n'avez jamais goûté le vin que vous allez prendre. Et si vous le connaissez – et l'appréciez – il est peu probable que vous le serviez avec les mêmes plats que la fois précédente. Et même si vous avez déjà fait le même repas avec le même vin, sachez qu'un seul ingrédient différent (goût d'oignon, d'ail ou de citron plus prononcé) peut changer totalement le goût d'un vin !

Notre propos ici n'est pas le bon mais le mauvais choix. Si vous avez à choisir un vin pour quatre personnes, il faut qu'il plaise à tous. Si vous êtes seul, vous pouvez prendre plus de risques, car vous n'aurez pas à être embarrassé si vous avez fait une erreur.

Quel est le scénario le plus probable pour acheter le mauvais vin ? Les vins les moins chers ou dont l'étiquette vante un cépage très populaire ne sont souvent pas très bons. Si une bouteille de chardonnay ou de cabernet-sauvignon était de qualité supérieure, elle ne serait pas vendue 20 F ! Il est préférable d'essayer un vin issu d'une variété moins connue mais à un prix plus élevé.

Certains bons vins peuvent surprendre lorsque l'on n'y est pas habitué. Le gewurztraminer, un vin blanc produit notamment en Alsace et en

Allemagne, est un vin très fruité mais trop doux pour certains. À moins de connaître et d'aimer particulièrement ce type de vin, il est risqué d'en offrir. Cela ne veut pas dire que les vins comme le gewurztraminer ne plairont ni à vos invités, ni à vous-même, mais il est peut-être bon de faire un essai avant de les proposer.

Si vous devez acheter du vin pour d'autres personnes que vous, ne soyez pas trop audacieux. Contentez-vous de suivre les règles de base – sauf si vous savez que vos invités n'aiment pas le blanc ou inversement le rouge.

Il est difficile d'acheter des vins vieux. Certains perdent leur caractère lorsqu'ils deviennent trop âgés, d'autres, que l'on croit âgés, sont ouverts trop jeunes et auraient pu vieillir encore cinq ans. Il n'est donc pas impossible qu'une bouteille de quinze ans d'âge soit cinq ans trop jeune ou au contraire cinq ans trop vieille !

Quel vin offrir à un non-connaisseur ?

Admettons que vous deviez acheter un vin pour une personne qui n'a eu que peu d'occasions de boire du vin. Il est fort probable que le vin accompagnera un repas. Votre objectif est alors de trouver un vin passe-partout, qui plaise facilement.

Si vous désirez faire un cadeau à un connaisseur alors que vous êtes néophyte, voici quelques petits tuyaux. Si la personne a des racines étrangères dont elle est fière, offrez-lui un vin de son pays d'origine. De nombreux pays produisent des vins de qualité comme la Nouvelle-Zélande, Israël, le Canada, les États-Unis, la Suisse, l'Italie, l'Espagne entre autres. L'Afrique du Sud n'est pas le seul pays à représenter l'Afrique. La Tunisie, le Maroc, l'Algérie et même l'Égypte produisent du vin. Ne mettez pas un prix exorbitant dans un vin dont vous ne connaissez pas du tout la qualité.

Une autre option consiste à acheter « le meilleur du genre » dans une fourchette de prix raisonnable. Si les meilleurs vins des grandes régions viticoles du monde risquent de vous ruiner, les meilleurs vins chiliens sont abordables et vous pouvez aussi acheter un second vin dans un château bordelais à moindre coût.

Vous pouvez aussi jouer sur la contenance et acheter un magnum (1,5 l, soit l'équivalent de deux bouteilles). Le vin en lui-même ne sera peut-être pas un très grand vin, mais il faut avouer que ces bouteilles donnent une petite allure de fête à un repas.

Et pour ceux qui n'aiment pas le vin ?

Quelles sont les principaux reproches faits au vin ? Il y en a trois : son acidité, son tanin et le goût de l'alcool.

Le vin est la boisson la plus acide que nous consommions. Mais ces acides sont équilibrés en partie par le fruit et le sucre. Dans les vins secs – ceux dépourvus ou presque de sucre résiduel, l'acidité peut être trop forte pour quiconque ne boit jamais d'alcool. Les vins acides sont souvent des vins qui accompagnent un repas parce qu'ils s'apprécient mieux avec un aliment en bouche. Les féculents comme le pain, le riz ou les pâtes contribuent à compenser leur acidité.

L'idéal est de trouver un vin peu acide. La majorité des vins liquoreux ou moelleux sont faiblement acides (coteaux-du-layon, sauternes, monbazillac, jurançon).

Pour ceux qui n'aiment pas le fort goût d'alcool, voici deux types de vin extraordinaires qu'ils devraient aimer. Le premier est le moscato d'Asti, un vin du nord de l'Italie, peu alcoolique, et légèrement pétillant. Son volume d'alcool est faible (5,5 %, la moitié seulement des vins habituels) et ses subtils composants floraux en font un vin resplendissant. Le second, à peine plus alcoolique, est le riesling ou le gewurztraminer des vendanges tardives, un vin un peu doux qui peut être extrêmement riche (c'est même un cadeau de luxe pour celui qui n'aime pas le vin !).

Un rouge pour celui qui n'aime pas le rouge

Inutile de mettre très cher dans une bouteille si vous savez que votre invité n'aime pas le vin rouge. Beaucoup de personnes, amateurs de vin blanc, essayent plusieurs vins rouges puis abandonnent. Pourquoi ? Les vins rouges bon marché sont généralement plus offensifs que les blancs

du même ordre de prix. Le plus souvent, c'est par le biais de vins peu onéreux que l'on découvre le vin. Et c'est la plupart du temps aussi à ce stade-là qu'une personne dit ne pas aimer le vin rouge !

Optez pour un vin peu tannique comme le beaujolais, vin fruité et gouleyant.

Ce vin issu du gamay est certainement un argument de poids face aux préjugés contre le vin rouge. Les vins de Bordeaux sont un autre choix possible.

Si ce n'est pas le tanin que la personne n'apprécie pas, peut-être trouve-t-elle que le vin manque de fruits. Dans ce cas, choisissez plutôt un bourgogne rouge.

Un blanc pour celui qui n'aime pas le blanc

Là, ça devient plus compliqué. Un vin blanc qui se sert frais et n'a que peu de tanin est un vin moins complexe qu'un rouge (pour un amateur de vin rouge). Allez convaincre quelqu'un qui trouve que la pêche est un passe-temps mortellement ennuyeux alors que c'est au contraire passionnant !

Voici quelques tuyaux pour y parvenir :

1. Essayez un bourgogne blanc c'est moins acide (dans le sens qu'il étanche la soif).

2. Tentez un condrieu, vin blanc aromatique du nord de la vallée du Rhône, dont la personnalité est très différente de celle du chardonnay.
3. Le gewurztraminer est aussi une bonne idée.
4. Enfin, la meilleure solution est peut-être un riesling alsacien. Moins fort que le gewurztraminer, le riesling est plus parfumé que fruité – autre différence avec le chardonnay qui vaut vraiment que l'on s'y attarde.

La dégustation

Comme toute recherche, l'étude des vins exige de l'expérimentation afin de trouver ce que l'on aime, ce que l'on n'aime pas et pourquoi. Les simulations par ordinateur étant hors de question, les expérimentations coûtant chères en argent et en temps, il va certainement vous falloir faire quelques concessions dans vos techniques de recherche.

Si vous vous intéressez au vin depuis peu, la première démarche est de déterminer vos goûts. Vous sentez-vous plus attiré par le blanc ou par le rouge ? En règle générale, chacun d'entre nous a une préférence. Admettons pour débuter que vous préfériez le rouge. Quelle est l'étape suivante ?

Malheureusement, le premier souci est l'argent. Vous devez établir le prix moyen que vous voulez investir par bouteille. Le plus économique est de déguster les vins à deux ou à plusieurs. C'est aussi la méthode la plus rapide puisque vous pouvez goûter deux bouteilles ou plus en même temps. N'oubliez pas lors de vos réunions-tests d'apporter vos fonds de bouteille. Vous pourrez alors faire goûter aux autres les vins qui sont bonifiés après l'ouverture.

Les dégustations gratuites organisées par les grandes surfaces, les cavistes ou lors des foires au vin constituent une autre façon agréable d'économiser de l'argent et du temps. Fréquenter un magasin particulier et entretenir une bonne relation commerciale avec un vendeur compétent est un plus. Lui pourra goûter de très nombreux vins et vous éviter de commettre des erreurs.

Admettons maintenant que vous vouliez dépenser entre 40 et 60 F par bouteille. Que faire ensuite ?

Avant tout, il vous faut être conscient que vous ne pourrez jamais tester tous les vins dans cette fourchette.

Décidez ensuite du cépage que vous allez tester. Pour bien faire, il faut goûter au moins trois vins différents issus d'un même cépage avant de tirer une quelconque conclusion. Chaque variété peut en effet donner des vins de styles très différents.

En dépit du prix investi, il est normal de traverser des mauvaises passes. Cela ne veut pas dire que le vin acheté est forcément mauvais, mais il arrive qu'il soit décevant, ennuyeux. Si cela dure trop longtemps, revenez à une valeur sûre, quel que soit le temps que vous consacrez à l'étude du vin. Vous trouverez chaussure à votre pied en matière de goût.

Prendre des notes

Après avoir bu un vin, vous ne voulez pas oublier les impressions qu'il vous a laissées. Vous pourrez ainsi renouveler l'expérience si elle a été bonne ou au contraire oublier définitivement une mauvaise surprise. Si vous êtes comme tout le monde, vous pensez pouvoir sans problème retenir ce qui vous a plu ou déplu sans avoir à prendre aucune note. Hélas, l'expérience montre que cela ne fonctionne pas aussi bien que voulu. Une seule petite phrase sur chaque vin suffit pourtant à déterminer avec précision vos goûts.

Si à chaque cépage correspondait un vin, il serait inutile de prendre des notes. L'équation est plus complexe : cépage + terroir + climat + producteur = vin.

Beaucoup pensent, lorsqu'ils ont bu un type de vin qu'ils ont aimé, avoir trouvé le vin qui leur convient. Souvent, avec le temps, ils se rendent compte qu'ils n'apprécient qu'un vin sur les trois ou quatre qu'ils ont essayés dans ce type. S'ils ne tiennent pas une sorte de livre de dégustation, il leur faudra davantage de temps pour s'en apercevoir. Sans compter qu'il est facile d'oublier lequel exactement on a goûté.

Le système du livre de dégustation permet aussi de mieux voir les types de vin restants à essayer.

Si vous avez découvert un petit blanc absolument délicieux que vous voulez absolument racheter la fois prochaine, n'oubliez pas d'emporter ses références avec vous ! Cela signifie que vous devez conserver sur vous une liste de vos vins préférés un peu à la manière d'un répertoire d'adresses. Vous n'imagineriez pas sortir sans quelques numéros de téléphone indispensables, au cas où. Faites de même pour le vin. Et pourquoi ne pas utiliser les pages du répertoire qui restent généralement vierges (W, X, Y, Z) ? Vous pourriez prendre par exemple le W pour le blanc, le X pour le rosé, le Y pour le rouge et le Z pour les autres. Autre possibilité : ne sélectionner qu'une lettre et inscrire les rouges au stylo rouge pour les différencier des autres, par exemple. Avant d'inscrire un nouveau nom sur votre liste, goûtez le vin au moins deux fois. Dites-vous bien que pour chaque vin que vous apprécierez autant la seconde fois, il y en a cinq que vous trouverez moins bons. Ce phénomène est très marqué chez ceux qui débutent leur apprentissage.

Le livre de dégustation

Nous vous donnons dans les pages suivantes un échantillon d'un livre de dégustation. L'emplacement de droite permet de coller l'étiquette que vous avez au préalable ôtée de la bouteille. Voici comment vous y prendre. Une fois la bouteille vide, plongez-la dans un récipient d'eau chaude légèrement savonneuse. Laissez tremper pendant plusieurs heures (ou une nuit). L'étiquette s'enlèvera alors sans problème. Si elle n'est pas totalement décollée, utilisez un couteau à beurre pour terminer.

Pour sécher l'étiquette, posez-la de préférence sur une surface non plane, pour éviter qu'elle n'adhère (votre égouttoir fera très bien l'affaire). Si elle se recolle, vous n'avez plus qu'à recommencer toute l'opération !

NOM DU VIN _____

MILLÉSIME _____

MARCHAND DE VIN _____

RÉGION OU PAYS _____

PRIX _____

ENDROIT OÙ IL A ÉTÉ DÉGUSTÉ _____

REPAS PRIS AVEC_____

_____

COULEUR _____

ARÔMES _____

GOÛT _____

COMMENTAIRES _____

_____

_____

collez ici l'étiquette

NOM DU VIN _____

MILLÉSIME _____

MARCHAND DE VIN _____

RÉGION OU PAYS _____

PRIX _____

ENDROIT OÙ IL A ÉTÉ DÉGUSTÉ _____

REPAS PRIS AVEC _____

_____

COULEUR _____

ARÔMES _____

GOÛT _____

COMMENTAIRES _____

_____

_____

collez ici l'étiquette

NOM DU VIN _____

MILLÉSIME _____

MARCHAND DE VIN _____

RÉGION OU PAYS _____

PRIX _____

ENDROIT OÙ IL A ÉTÉ DÉGUSTÉ _____

REPAS PRIS AVEC _____

_____

COULEUR _____

ARÔMES _____

GOÛT _____

COMMENTAIRES _____

_____

_____

collez ici l'étiquette

NOM DU VIN _____

MILLÉSIME _____

MARCHAND DE VIN _____

RÉGION OU PAYS _____

PRIX _____

ENDROIT OÙ IL A ÉTÉ DÉGUSTÉ _____

REPAS PRIS AVEC _____

_____

COULEUR _____

ARÔMES _____

GOÛT _____

COMMENTAIRES _____

_____

_____

collez ici l'étiquette

NOM DU VIN _____

MILLÉSIME _____

MARCHAND DE VIN _____

RÉGION OU PAYS _____

PRIX _____

ENDROIT OÙ IL A ÉTÉ DÉGUSTÉ _____

REPAS PRIS AVEC _____

_____

COULEUR _____

ARÔMES _____

GOÛT _____

COMMENTAIRES _____

_____

_____

collez ici l'étiquette

NOM DU VIN _____

MILLÉSIME _____

MARCHAND DE VIN _____

RÉGION OU PAYS _____

PRIX _____

ENDROIT OÙ IL A ÉTÉ DÉGUSTÉ _____

REPAS PRIS AVEC _____

_____

COULEUR _____

ARÔMES _____

GOÛT _____

COMMENTAIRES _____

_____

_____

collez ici l'étiquette

NOM DU VIN _____

MILLÉSIME _____

MARCHAND DE VIN _____

RÉGION OU PAYS _____

PRIX _____

ENDROIT OÙ IL A ÉTÉ DÉGUSTÉ _____

REPAS PRIS AVEC _____

_____

COULEUR _____

ARÔMES _____

GOÛT _____

COMMENTAIRES _____

_____

_____

collez ici l'étiquette

NOM DU VIN _____

MILLÉSIME _____

MARCHAND DE VIN _____

RÉGION OU PAYS _____

PRIX _____

ENDROIT OÙ IL A ÉTÉ DÉGUSTÉ _____

REPAS PRIS AVEC _____

_____

COULEUR _____

ARÔMES _____

GOÛT _____

COMMENTAIRES _____

_____

_____

collez ici l'étiquette

NOM DU VIN _____

MILLÉSIME _____

MARCHAND DE VIN _____

RÉGION OU PAYS _____

PRIX _____

ENDROIT OÙ IL A ÉTÉ DÉGUSTÉ _____

REPAS PRIS AVEC _____

_____

COULEUR _____

ARÔMES _____

GOÛT _____

COMMENTAIRES _____

_____

_____

collez ici l'étiquette

NOM DU VIN _____

MILLÉSIME _____

MARCHAND DE VIN _____

RÉGION OU PAYS _____

PRIX _____

ENDROIT OÙ IL A ÉTÉ DÉGUSTÉ _____

REPAS PRIS AVEC _____

_____

COULEUR _____

ARÔMES _____

GOÛT _____

COMMENTAIRES _____

_____

_____

collez ici l'étiquette

NOM DU VIN _____

MILLÉSIME _____

MARCHAND DE VIN _____

RÉGION OU PAYS _____

PRIX _____

ENDROIT OÙ IL A ÉTÉ DÉGUSTÉ _____

REPAS PRIS AVEC _____

_____

COULEUR _____

ARÔMES _____

GOÛT _____

COMMENTAIRES _____

_____

_____

collez ici l'étiquette

NOM DU VIN _____

MILLÉSIME _____

MARCHAND DE VIN _____

RÉGION OU PAYS _____

PRIX _____

ENDROIT OÙ IL A ÉTÉ DÉGUSTÉ _____

REPAS PRIS AVEC _____

_____

COULEUR _____

ARÔMES _____

GOÛT _____

COMMENTAIRES _____

_____

_____

collez ici l'étiquette

NOM DU VIN _____

MILLÉSIME _____

MARCHAND DE VIN _____

RÉGION OU PAYS _____

PRIX _____

ENDROIT OÙ IL A ÉTÉ DÉGUSTÉ _____

REPAS PRIS AVEC _____

_____

COULEUR _____

ARÔMES _____

GOÛT _____

COMMENTAIRES _____

_____

_____

collez ici l'étiquette

NOM DU VIN _____

MILLÉSIME _____

MARCHAND DE VIN _____

RÉGION OU PAYS _____

PRIX _____

ENDROIT OÙ IL A ÉTÉ DÉGUSTÉ _____

REPAS PRIS AVEC _____

_____

COULEUR _____

ARÔMES _____

GOÛT _____

COMMENTAIRES _____

_____

_____

collez ici l'étiquette

NOM DU VIN _____

MILLÉSIME _____

MARCHAND DE VIN _____

RÉGION OU PAYS _____

PRIX _____

ENDROIT OÙ IL A ÉTÉ DÉGUSTÉ _____

REPAS PRIS AVEC _____

_____

COULEUR _____

ARÔMES _____

GOÛT _____

COMMENTAIRES _____

_____

_____

collez ici l'étiquette

NOM DU VIN _____

MILLÉSIME _____

MARCHAND DE VIN _____

RÉGION OU PAYS _____

PRIX _____

ENDROIT OÙ IL A ÉTÉ DÉGUSTÉ _____

REPAS PRIS AVEC _____

_____

COULEUR _____

ARÔMES _____

GOÛT _____

COMMENTAIRES _____

_____

_____

collez ici l'étiquette

NOM DU VIN _____

MILLÉSIME _____

MARCHAND DE VIN _____

RÉGION OU PAYS _____

PRIX _____

ENDROIT OÙ IL A ÉTÉ DÉGUSTÉ _____

REPAS PRIS AVEC _____

_____

COULEUR _____

ARÔMES _____

GOÛT _____

COMMENTAIRES _____

_____

_____

collez ici l'étiquette

NOM DU VIN _____

MILLÉSIME _____

MARCHAND DE VIN _____

RÉGION OU PAYS _____

PRIX _____

ENDROIT OÙ IL A ÉTÉ DÉGUSTÉ _____

REPAS PRIS AVEC _____

_____

COULEUR _____

ARÔMES _____

GOÛT _____

COMMENTAIRES _____

_____

_____

collez ici l'étiquette

NOM DU VIN _____

MILLÉSIME _____

MARCHAND DE VIN _____

RÉGION OU PAYS _____

PRIX _____

ENDROIT OÙ IL A ÉTÉ DÉGUSTÉ _____

REPAS PRIS AVEC _____

_____

COULEUR _____

ARÔMES _____

GOÛT _____

COMMENTAIRES _____

_____

_____

collez ici l'étiquette

NOM DU VIN _____

MILLÉSIME _____

MARCHAND DE VIN _____

RÉGION OU PAYS _____

PRIX _____

ENDROIT OÙ IL A ÉTÉ DÉGUSTÉ _____

REPAS PRIS AVEC _____

_____

COULEUR _____

ARÔMES _____

GOÛT _____

COMMENTAIRES _____

_____

_____

collez ici l'étiquette

NOM DU VIN _____

MILLÉSIME _____

MARCHAND DE VIN _____

RÉGION OU PAYS _____

PRIX _____

ENDROIT OÙ IL A ÉTÉ DÉGUSTÉ _____

REPAS PRIS AVEC _____

_____

COULEUR _____

ARÔMES _____

GOÛT _____

COMMENTAIRES _____

_____

_____

collez ici l'étiquette

NOM DU VIN _____

MILLÉSIME _____

MARCHAND DE VIN _____

RÉGION OU PAYS _____

PRIX _____

ENDROIT OÙ IL A ÉTÉ DÉGUSTÉ _____

REPAS PRIS AVEC _____

_____

COULEUR _____

ARÔMES _____

GOÛT _____

COMMENTAIRES _____

_____

_____

collez ici l'étiquette

NOM DU VIN _____

MILLÉSIME _____

MARCHAND DE VIN _____

RÉGION OU PAYS _____

PRIX _____

ENDROIT OÙ IL A ÉTÉ DÉGUSTÉ _____

REPAS PRIS AVEC _____

_____

COULEUR _____

ARÔMES _____

GOÛT _____

COMMENTAIRES _____

_____

_____

collez ici l'étiquette

NOM DU VIN _____

MILLÉSIME _____

MARCHAND DE VIN _____

RÉGION OU PAYS _____

PRIX _____

ENDROIT OÙ IL A ÉTÉ DÉGUSTÉ _____

REPAS PRIS AVEC _____

_____

COULEUR _____

ARÔMES _____

GOÛT _____

COMMENTAIRES _____

_____

_____

collez ici l'étiquette

NOM DU VIN _____

MILLÉSIME _____

MARCHAND DE VIN _____

RÉGION OU PAYS _____

PRIX _____

ENDROIT OÙ IL A ÉTÉ DÉGUSTÉ _____

REPAS PRIS AVEC _____

_____

COULEUR _____

ARÔMES _____

GOÛT _____

COMMENTAIRES _____

_____

_____

collez ici l'étiquette

NOM DU VIN _____

MILLÉSIME _____

MARCHAND DE VIN _____

RÉGION OU PAYS _____

PRIX _____

ENDROIT OÙ IL A ÉTÉ DÉGUSTÉ _____

REPAS PRIS AVEC _____

_____

COULEUR _____

ARÔMES _____

GOÛT _____

COMMENTAIRES _____

_____

_____

collez ici l'étiquette

NOM DU VIN _____

MILLÉSIME _____

MARCHAND DE VIN _____

RÉGION OU PAYS _____

PRIX _____

ENDROIT OÙ IL A ÉTÉ DÉGUSTÉ _____

REPAS PRIS AVEC _____

_____

COULEUR _____

ARÔMES _____

GOÛT _____

COMMENTAIRES _____

_____

_____

collez ici l'étiquette

NOM DU VIN _____

MILLÉSIME _____

MARCHAND DE VIN _____

RÉGION OU PAYS _____

PRIX _____

ENDROIT OÙ IL A ÉTÉ DÉGUSTÉ _____

REPAS PRIS AVEC _____

_____

COULEUR _____

ARÔMES _____

GOÛT _____

COMMENTAIRES _____

_____

_____

collez ici l'étiquette

NOM DU VIN _____

MILLÉSIME _____

MARCHAND DE VIN _____

RÉGION OU PAYS _____

PRIX _____

ENDROIT OÙ IL A ÉTÉ DÉGUSTÉ _____

REPAS PRIS AVEC _____

_____

COULEUR _____

ARÔMES _____

GOÛT _____

COMMENTAIRES _____

_____

_____

collez ici l'étiquette

NOM DU VIN _____

MILLÉSIME _____

MARCHAND DE VIN _____

RÉGION OU PAYS _____

PRIX _____

ENDROIT OÙ IL A ÉTÉ DÉGUSTÉ _____

REPAS PRIS AVEC _____

_____

COULEUR _____

ARÔMES _____

GOÛT _____

COMMENTAIRES _____

_____

_____

collez ici l'étiquette

NOM DU VIN _____

MILLÉSIME _____

MARCHAND DE VIN _____

RÉGION OU PAYS _____

PRIX _____

ENDROIT OÙ IL A ÉTÉ DÉGUSTÉ _____

REPAS PRIS AVEC _____

_____

COULEUR _____

ARÔMES _____

GOÛT _____

COMMENTAIRES _____

_____

_____

collez ici l'étiquette

NOM DU VIN _____

MILLÉSIME _____

MARCHAND DE VIN _____

RÉGION OU PAYS _____

PRIX _____

ENDROIT OÙ IL A ÉTÉ DÉGUSTÉ _____

REPAS PRIS AVEC _____

_____

COULEUR _____

ARÔMES _____

GOÛT _____

COMMENTAIRES _____

_____

collez ici l'étiquette

NOM DU VIN _____

MILLÉSIME _____

MARCHAND DE VIN _____

RÉGION OU PAYS _____

PRIX _____

ENDROIT OÙ IL A ÉTÉ DÉGUSTÉ _____

REPAS PRIS AVEC _____

_____

COULEUR _____

ARÔMES _____

GOÛT _____

COMMENTAIRES _____

_____

_____

collez ici l'étiquette

NOM DU VIN _____

MILLÉSIME _____

MARCHAND DE VIN _____

RÉGION OU PAYS _____

PRIX _____

ENDROIT OÙ IL A ÉTÉ DÉGUSTÉ _____

REPAS PRIS AVEC _____

_____

COULEUR _____

ARÔMES _____

GOÛT _____

COMMENTAIRES _____

_____

_____

collez ici l'étiquette

NOM DU VIN _____

MILLÉSIME _____

MARCHAND DE VIN _____

RÉGION OU PAYS _____

PRIX _____

ENDROIT OÙ IL A ÉTÉ DÉGUSTÉ _____

REPAS PRIS AVEC _____

_____

COULEUR _____

ARÔMES _____

GOÛT _____

COMMENTAIRES _____

_____

_____

collez ici l'étiquette

NOM DU VIN _____

MILLÉSIME _____

MARCHAND DE VIN _____

RÉGION OU PAYS _____

PRIX _____

ENDROIT OÙ IL A ÉTÉ DÉGUSTÉ _____

REPAS PRIS AVEC _____

_____

COULEUR _____

ARÔMES _____

GOÛT _____

COMMENTAIRES _____

_____

_____

collez ici l'étiquette

NOM DU VIN _____

MILLÉSIME _____

MARCHAND DE VIN _____

RÉGION OU PAYS _____

PRIX _____

ENDROIT OÙ IL A ÉTÉ DÉGUSTÉ _____

REPAS PRIS AVEC _____

_____

COULEUR _____

ARÔMES _____

GOÛT _____

COMMENTAIRES _____

_____

_____

collez ici l'étiquette

NOM DU VIN _____

MILLÉSIME _____

MARCHAND DE VIN _____

RÉGION OU PAYS _____

PRIX _____

ENDROIT OÙ IL A ÉTÉ DÉGUSTÉ _____

REPAS PRIS AVEC _____

_____

COULEUR _____

ARÔMES _____

GOÛT _____

COMMENTAIRES _____

_____

_____

collez ici l'étiquette

NOM DU VIN _____

MILLÉSIME _____

MARCHAND DE VIN _____

RÉGION OU PAYS _____

PRIX _____

ENDROIT OÙ IL A ÉTÉ DÉGUSTÉ _____

REPAS PRIS AVEC _____

_____

COULEUR _____

ARÔMES _____

GOÛT _____

COMMENTAIRES _____

_____

_____

collez ici l'étiquette

NOM DU VIN _____

MILLÉSIME _____

MARCHAND DE VIN _____

RÉGION OU PAYS _____

PRIX _____

ENDROIT OÙ IL A ÉTÉ DÉGUSTÉ _____

REPAS PRIS AVEC _____

_____

COULEUR _____

ARÔMES _____

GOÛT _____

COMMENTAIRES _____

_____

_____

collez ici l'étiquette

NOM DU VIN _____

MILLÉSIME _____

MARCHAND DE VIN _____

RÉGION OU PAYS _____

PRIX _____

ENDROIT OÙ IL A ÉTÉ DÉGUSTÉ _____

REPAS PRIS AVEC _____

_____

COULEUR _____

ARÔMES _____

GOÛT _____

COMMENTAIRES _____

_____

_____

collez ici l'étiquette

NOM DU VIN _____

MILLÉSIME _____

MARCHAND DE VIN _____

RÉGION OU PAYS _____

PRIX _____

ENDROIT OÙ IL A ÉTÉ DÉGUSTÉ _____

REPAS PRIS AVEC _____

_____

COULEUR _____

ARÔMES _____

GOÛT _____

COMMENTAIRES _____

_____

_____

collez ici l'étiquette

NOM DU VIN _____

MILLÉSIME _____

MARCHAND DE VIN _____

RÉGION OU PAYS _____

PRIX _____

ENDROIT OÙ IL A ÉTÉ DÉGUSTÉ _____

REPAS PRIS AVEC _____

_____

COULEUR _____

ARÔMES _____

GOÛT _____

COMMENTAIRES _____

_____

_____

collez ici l'étiquette

NOM DU VIN _____

MILLÉSIME _____

MARCHAND DE VIN _____

RÉGION OU PAYS _____

PRIX _____

ENDROIT OÙ IL A ÉTÉ DÉGUSTÉ _____

REPAS PRIS AVEC _____

_____

COULEUR _____

ARÔMES _____

GOÛT _____

COMMENTAIRES _____

_____

_____

collez ici l'étiquette

NOM DU VIN _____

MILLÉSIME _____

MARCHAND DE VIN _____

RÉGION OU PAYS _____

PRIX _____

ENDROIT OÙ IL A ÉTÉ DÉGUSTÉ _____

REPAS PRIS AVEC _____

_____

COULEUR _____

ARÔMES _____

GOÛT _____

COMMENTAIRES _____

_____

_____

collez ici l'étiquette

NOM DU VIN _____

MILLÉSIME _____

MARCHAND DE VIN _____

RÉGION OU PAYS _____

PRIX _____

ENDROIT OÙ IL A ÉTÉ DÉGUSTÉ _____

REPAS PRIS AVEC _____

_____

COULEUR _____

ARÔMES _____

GOÛT _____

COMMENTAIRES _____

_____

_____

collez ici l'étiquette

NOM DU VIN _____

MILLÉSIME _____

MARCHAND DE VIN _____

RÉGION OU PAYS _____

PRIX _____

ENDROIT OÙ IL A ÉTÉ DÉGUSTÉ _____

REPAS PRIS AVEC _____

_____

COULEUR _____

ARÔMES _____

GOÛT _____

COMMENTAIRES _____

_____

_____

collez ici l'étiquette

Déguster un vin (et non le boire)

Boire du vin n'a rien de compliqué. Le déguster, en revanche, obéit à un ensemble de règles et de rituels.

La configuration de la salle de dégustation est très importante. Les professionnels préfèrent une pièce sans odeur, aux murs blancs et éclairée par la lumière naturelle du jour. La table ou la nappe doit permettre de voir au mieux la couleur du vin sans autre stimulus visuel pour troubler la dégustation. En général, on préfère savourer un vin entre amis ou en mangeant et on ne s'occupe pas des odeurs de cuisine et autres distractions !

Quels que soient l'endroit et les conditions que vous avez choisis pour votre dégustation, il est impératif de servir le ou les vins à la bonne température. Déguster un vin trop froid est difficile. Inversement, trop chaud, le vin semblera déséquilibré, c'est-à-dire qu'un blanc semblera trop doux tandis qu'un rouge donnera l'impression d'être trop acide ou trop riche en alcool.

Chacun arrivant avec ses propres expériences de dégustation, le vin ne sera pas perçu de la même façon par tout le monde. Deux personnes auront une opinion très différente sur la quantité de tanin du vin qu'elles dégustent. L'œnologie n'est pas une science exacte et il n'y a donc pas de critère strict d'objectivité.

Gardez toujours à l'esprit que la dégustation ne s'apparente en rien à une épreuve ou une interrogation. Vos réponses subjectives ont bien plus d'importance que n'importe quelle " bonne réponse ". Le vérité est la suivante : les bons vins sont ceux que vous aimez.

LES SIX ÉTAPES DE LA DÉGUSTATION

1. *Observez le vin.* Le jugement sur la couleur d'un vin permet d'apprécier son âge approximatif et sa lourdeur en bouche. Les vins jeunes ont une robe tirant sur le pourpre. Avec l'âge, ils deviennent rouges puis bruns. Les blancs débutent par diverses nuances incolores puis, en vieillissant, se rapprochent de la couleur paille.

   Mais la couleur varie aussi en fonction du vin lui-même. Par nature, le cabernet-sauvignon est plus sombre que le sangiovese. Autre élément : plus le raisin est cueilli mûr, plus le vin sera coloré.

   La blancheur de l'arrière-plan et la luminosité jouent un rôle important pour juger la densité du vin. Il est bien évidemment indispensable d'utiliser des verres propres et transparents. L'épaisseur et l'intensité de la couleur sont généralement signes de richesse ou de lourdeur. L'épaisseur se voit davantage sur les extrémités. Pour élargir les bords, le dégustateur incline le verre à 45°. Attention donc de ne pas remplir votre verre plus du quart en début de dégustation ! Un verre se tient par le pied. C'est la meilleure façon d'éviter les traces de doigts, de mieux voir le vin dans le verre et de ne pas le réchauffer avec la température des mains.

2. *Faites tourner le vin dans le verre.* Cela permet d'exposer une plus grande quantité de vin au contact de l'oxygène, mais surtout de libérer les arômes. À éviter si vous avez rempli votre verre ! Les larmes de vin (on parle aussi de jambes ou de pleurs) qui s'écoulent lentement sur les parois du verre lorsque le vin a été agité.
Pour agiter un verre plein, il est préférable de laisser le pied sur la table. En faisant tourner le verre rapidement, vous créez un tourbillon invisible d'arômes qui montent et s'échappent.

3. *Portez le vin au nez.* C'est à ce moment précis qu'il faut s'attendre à un déchaînement de cris :
« goudron », « baies de sureau », « noix de coco », « café », « tabac », *etc.* Ce sont quelques-uns des qualificatifs que l'on entend lors d'une dégustation. C'est peut-être l'aspect le plus difficile à comprendre pour un débutant. Le meilleur moyen de

sentir le vin est de coller le nez à l'intérieur du verre. Il n'y a pas d'autre solution. Si vous n'êtes pas dans un cadre social qui vous permette ce genre de comportement, essayez au moins de rapprocher le plus votre nez du verre.
Coller le nez à l'intérieur du verre juste après l'avoir agité permet de capter le courant d'air ascendant du mini tourbillon que vous avez créé. Il vous faudra du temps avant de faire confiance à votre nez. Lorsque vous passez à côté d'une boulangerie et que vous sentez une odeur qui rappelle celle du pain, vous en concluez que ça sent le pain. Logique. Mais lorsque vous collerez votre nez à l'intérieur d'un verre, il vous sera beaucoup plus difficile d'admettre que ce que vous sentez sont les arômes d'un vin. L'odorat est notre sens le plus développé et, en plus, il a une excellente mémoire ! Malheureusement, c'est aussi celui que nous utilisons aujourd'hui le moins.

4. *Goûtez-le.* Enfin, le moment tant attendu est arrivé ! Même un néophyte peut participer. Il est fort probable que vous ne ressentirez pas tout ce que les plus expérimentés ressentiront, mais c'est en les écoutant que votre esprit et votre bouche commenceront à comprendre ce dont ils parlent. Avec la pratique, vous parviendrez à percevoir les très

nombreux arômes d'un vin et certains de ses composants comme
l'acidité et le tanin.

5. *Avalez-le ou recrachez-le.* Si vous êtes
   à table, il est évident que vous n'allez
   pas recracher votre gorgée de vin ! Si
   vous devez cependant déguster
   plusieurs types de vin, il va bien falloir que vous en recrachiez une
   bonne partie. Il est plus facile cependant de se faire une idée de l'arrière-
   goût.

6. *Faites une fiche – soit par écrit soit
   mentalement.* Si vous vous trouvez à
   une vraie dégustation, prenez
   quelques notes sur le vin que vous
   goûtez. Si vous êtes à table ou
   chez des amis, vous n'avez
   peut-être pas envie de sortir
   de quoi écrire. Contentez-vous
   de dégager mentalement
   quelques grandes caractéristiques que vous noterez une fois
   rentré chez vous.

Choisir un vin dans un restaurant

Plus vous vous intéressez aux vins, mieux vous vous rendez compte des prix exorbitants pratiqués dans beaucoup de restaurants. Si vous aimez manger à l'extérieur et ne voulez pas vous priver de vin, voici quelques réflexions à prendre en considération :

Le vin est au moins autant majoré que les plats servis

Le prix du vin est souvent même davantage majoré (de trois fois pour les vins haut de gamme jusqu'à dix fois pour les vins bas de gamme !) que celui des plats. Exigez que, pour une majoration supérieure, toutes les attentions soient données au vin choisi (bouteille à bonne température, verre propre et adéquat et service attentionné).

Si personne ne buvait de vin, beaucoup de restaurants fermeraient

La plupart des restaurants font leur chiffre d'affaires sur la vente des alcools. Si vous appréciez un restaurant en particulier, sachez que vous contribuez à son maintien en activité en y consommant du vin.

Vous pouvez toujours renvoyer une bouteille…

… si vous avez une bonne raison. Si un vin est piqué, s'il a un goût de bouchon (on dit qu'il est bouchonné), est devenu aigre ou sent le moisi, n'importe quel restaurateur vous le changera volontiers. Si un serveur ou un sommelier vous a chaudement recommandé un vin que vous n'aimez pas, vous pouvez aussi le refuser. En revanche, si vous n'aimez tout simplement pas un vin, attendez un peu. Les autres personnes à votre table partagent-elles votre jugement ? Avez-vous essayé de le boire en mangeant ? Si ce n'est pas le cas, goûtez-le avec un morceau de pain déjà mâché. Le vin se boit en mangeant, c'est important. Lui faut-il tout simplement respirer ? Si vous avez un doute, demandez au sommelier d'en remplir un verre et laissez-le respirer quelques minutes. Si après tout cela, le vin ne vous convient toujours pas, changez de vin. Mais attention, cette pratique ne doit en aucun cas devenir une habitude.

Les vieux vins

Admettons que vous ayez commandé un bordeaux de 20 ans d'âge. Cette bouteille se trouve peut-être dans la cave du restaurateur depuis plus de quinze ans. Vous êtes donc en droit d'espérer, pour le prix sur la carte, un bon vin. Pouvez-vous le refuser si, une fois ouvert, il ne fait pas montre de tous les espoirs escomptés ? Certainement, mais il vous faut aussi savoir que le prix d'un vin vieux reflète souvent plus sa rareté que sa valeur intrinsèque. Vous payez un supplément pour fêter votre vingtième anniversaire de mariage en buvant un vin datant de l'année de votre mariage. Réfléchissez bien avant de refuser ce vin, le restaurant perdra, lui, la valeur de la bouteille.

Comment un vin peut-il se dégrader ?

Le vin rouge. Si le fruité s'envole et que la couleur s'évanouit, le vin est trop vieux. S'il prend une couleur brune ou une odeur de vinaigre, le vin n'a pas été conservé correctement.

Le vin blanc. S'il prend une couleur brune ou développe une odeur de brûlé, soit il est trop vieux, soit il a été mal conservé.

Ces deux types de vin peuvent être « bouchonnés ». C'est ce qui se produit lorsque l'activité biologique a en partie dissous le bouchon dans la bouteille.

Le vin pétillant. Un manque d'effervescence est le signe d'une mauvaise conservation ou d'un vin trop vieux.

Le vin au verre revient plus cher

Même si elle est importante, la majoration sur les bouteilles est inférieure à celle sur les cocktails. Nombre de clients préfèrent aujourd'hui un verre de vin comme apéritif à la place d'un cocktail. Même si le vin revient plus cher lorsqu'il est acheté au verre, c'est une solution avantageuse lorsque plusieurs convives n'arrivent pas à se mettre d'accord sur un vin ou lorsque l'on ne veut pas boire une bouteille entière.

Ayez en tête les prix affichés en magasin

Après quelques petites escapades dans les magasins de votre quartier, vous aurez une idée assez précise du prix de vente des vins.

Les bons restaurants majorent nettement moins les très bons vins que les vins plus courants. Cela devrait vous encourager à essayer un très bon vin !

Attention au prix qui vous mettra mal à l'aise

Tous ceux qui achètent du vin ont un prix au-delà duquel ils ne veulent pas aller de peur de ne pas être capable d'apprécier la valeur du vin. Plus vos connaissances s'affinent, plus ce prix augmente.

Sachez apprécier le vin avec votre repas

Comme chez vous, vous pouvez, au restaurant, contrôler le plaisir que vous avez à boire un vin. Si le blanc est trop frais, laissez-le se réchauffer sur la table et goûtez-en les arômes cachés au fur et à mesure qu'ils apparaissent. Si le blanc n'est pas assez frais, demandez au serveur de le placer pendant cinq minutes dans un seau à glace. Dans les grands restaurants, c'est le serveur (ou sommelier) qui vous le sert (dans un verre propre, jamais rempli plus de moitié), mais dans la plupart des restaurants c'est à vous de le faire. Ne commencez pas à boire avant l'arrivée du premier plat, à moins bien sûr d'avoir prévu de commander une seconde bouteille !

Le service du vin

Le serveur vous apporte le vin que vous avez commandé et vous présente l'étiquette. Est-ce l'année que vous avez demandée ? Si vous avez spécifié que vous vouliez une " réserve ", vérifiez bien qu'il ne s'agit pas d'une bouteille autre du même producteur. Regardez, si possible, si le bouchon n'est pas moisi. Mais surtout, goûtez le vin pendant que le sommelier vous le propose, car c'est à ce moment-là que vous devez signaler tout problème. Le sommelier ne servira les autres convives qu'une fois qu'il aura eu votre accord.

Juste un verre pour voir !

Si boire un bon vin lorsque vous sortez au restaurant est un véritable plaisir, il est peut-être préférable de sortir moins souvent et de vous offrir un très bon vin à ces occasions. Une autre solution que l'on pourrait qualifier de " boire moins mais mieux " consiste à sortir plus souvent mais ne choisir qu'un verre de vin, ce qui revient nettement moins cher que d'acheter une bouteille entière.

CHAPITRE 8

VINS ET METS

LES BONNES
ASSOCIATIONS

MIS EN BOUTEILLE PAR FIRST

PRODUCE OF FRANCE

12 % vol.

L'accord mets et vins

Mets et vins doivent composer un ensemble harmonieux. Leur complémentarité en terme de qualité doit être réelle. Il faut évidemment tenir compte du goût des ingrédients principaux, ou le mode de cuisson sera déterminant, mais aussi de la garniture et de la sauce. Même si aucune règle ne peut être établie, nous allons ici vous proposer quelques suggestions.

UN VIN UNIQUE POUR LE REPAS

L'option d'un seul vin au cours du repas n'a rien d'un sacrilège. Il faut organiser votre repas autour du choix de votre vin. Un seul vin, de préférence jeune, peut s'avérer être un accord merveilleux.

Un vin rosé (tel qu'un côtes-de-provence, un tavel, un sancerre…) s'accommode parfaitement avec des salades estivales et des grillades.

Un vin rouge jeune sur le fruit, sera le bon compromis. Le choix est vaste dans la palette des vins frais et gouleyants (gamay de Touraine, vin rouge de Savoie, côtes-du-rhône, pinot noir d'Alsace…).

Un vin blanc devra être sec et friand, possédant une acidité agréable (entre-deux-mers, pouilly-fumé, quincy, petit-chablis, saint-romain, saint-péray, sylvaner…).

AVEC LES LÉGUMES

Entre les légumes et les vins, l'accord est délicat. Avec les sauces qui les accompagnent, il est parfois préférable de servir un grand verre d'eau.

Artichaut	vin blanc (pouilly-fumé, côtes-de-provence), vin rouge (beaujolais, saumur-champigny)
Asperges	riesling
Aubergine	vin blanc (entre-deux-mers, coteaux-du-languedoc), vin rouge (coteaux-du-languedoc, beaujolais, provence)
Avocat	vin rosé (côtes-de-provence)
Champignons	vin rouge (graves, médoc, chinon, côtes-du-ventoux)
Chou-fleur	vin blanc (muscadet, quincy, sancerre)
Concombre	vin blanc (muscadet, gros-plant)
Endive	vin blanc (saint-joseph, macon)
Épinards	vin rouge (côtes-du-duras, gaillac, bergerac)
Haricots verts et petits pois	vin blanc (sancerre, côtes-de-beaune, saint-véran)
Poivron	vin rosé
Pommes de terre	vin rouges (minervois, bergerac, bordeaux, mondeuse de Savoie)

AVEC LES POISSONS, LES COQUILLAGES ET LES CRUSTACÉS

Le vin doit correspondre au goût dominant, celui de la sauce ou du poisson. Le mode de préparation est en cela déterminant : cru, grillé, poché, à l'étuvée ou au four.

Les coquillages

Coquilles Saint-Jacques	riesling, bourgogne blanc, gewurztraminer
Huîtres	muscadet, gros-plant, petit-chablis
Moules	coteaux-du-languedoc, muscadet

Les crustacés

Crevettes et langoustines	côtes-de-provence, muscadet
Homards, crabes et langoustes	grand bourgogne blanc, riesling, muscat d'Alsace, muscadet-sur-lie

Les poissons d'eau douce

Brochet	sylvaner, bourgogne blanc
Carpe	hermitage, châteauneuf-du-pape
Truite	riesling, entre-deux-mers, graves, savennières, saint-véran

Les poissons de mer

Rouget	vin rouge, blanc ou rosé ; côtes-de-provence, coteaux-du-languedoc, côtes-du-roussillon
Saumon	riesling, pouilly-fumé, pouilly-fuissé
Sole	meursault, chablis, graves blanc
Turbot	grand bourgogne blanc

AVEC LES VIANDES ROUGES

Toujours un vin souple, plus ou moins puissant suivant la préparation culinaire.
Les ragoûts et les mijotés se marient bien avec des vins rouges charnus et robustes.
Les rôtis et gigots se plaisent en s'accommodant avec un vin rouge sur le fruit et léger.
Les viandes rouges grillées s'accordent avec des vins puissants et s'en trouvent magnifiées.

Canard	bordeaux, vin de Loire ou vin de Provence rouge
Côtes d'agneau	rosé de Provence ou vin rouge léger
Épaule d'agneau	bordeaux rouge ou beaujolais
Navarin d'agneau	pauillac ou saint-émilion
Ragoût d'agneau	vin rouge du Languedoc-Roussillon
Selle d'agneau	vin rouge de Provence ou côtes-du-rhône
Gigot de mouton	bordeaux rouge ou côtes-du-rhône
Ragoût de mouton	châteauneuf-du-pape ou crozes-hermitage
Bœuf bourguignon	vin rouge de Bourgogne
Entrecôte	vin rouge de Bordeaux
Fondue bourguignonne	vin rouge de Bordeaux
Pot-au-feu	vin rouge de Loire

AVEC LES VIANDES BLANCHES

Vins rouges ou vins blancs, le choix est vaste, car les préparations culinaires sont nombreuses.
Pour le veau, choisissez un vin blanc corsé ou un rouge fruité, plutôt léger.
Avec le porc, un vin blanc robuste fera l'affaire ou bien un rouge corsé.
Lorsque les préparations culinaires sont plus complexes, le choix du vin dépend de l'ensemble des ingrédients.

Cassoulet	madiran, cahors ou autre vin du Sud-Ouest
Choucroute	vin blanc d'Alsace
Côtes de porc	vin rouge de Bordeaux
Rôti de porc	vin blanc de Bourgogne ou côtes-du-rhône rouge

Saucisse	vin du Sud-Ouest ou beaujolais
Blanquette de veau	vin d'Alsace blanc ou bourgogne blanc
Côtes de veau	vin blanc de Bourgogne
Escalope de veau	vin blanc aromatique du sud de la France
Paupiette de veau	vin rouge de Loire ou côtes-du-rhône

AVEC LA VOLAILLE

De nombreux vins se marient avec la volaille. Il suffit donc d'un peu d'imagination et vous pouvez vous régaler avec la palette des vins français et leurs diversités.
Le poulet, la dinde, le canard, le coq ou le chapon, toutes ces volailles aux goûts bien différents s'accorderont avec des vins aux saveurs multiples et également nuancées.

Canard	bordeaux, vin de Loire ou vin de Provence rouge
Chapon	vin de Loire rouge ou bourgogne blanc
Coq	beaujolais ou bourgogne rouge
Dinde	bourgogne blanc ou bordeaux rouge
Poularde	bourgogne blanc ou vin de Loire blanc
Poulet	vin blanc ou rouge léger

AVEC LE GIBIER

Des vins blancs ou rouges à forte personnalité. Le gibier, qu'il soit à plumes ou a poils, est parfois corsé, il faut donc trouver le parallèle avec le vin.
Il faut aussi parfois penser à l'accord régional. N'oubliez pas non plus vos goûts personnels, si vous préférez un vin de Bordeaux à un bourgogne rouge, il faut se faire plaisir avec un gibier.

Chevreuil	côtes-du-rhône rouge ou Languedoc rouge
Lapin	bourgogne, vin de Loire ou vin d'Alsace blanc
Lièvre	bordeaux rouge ou bourgogne rouge
Perdrix	bourgogne rouge
Sanglier	vin de Corse rouge ou rhône rouge

AVEC LES FROMAGES

La variété des fromages français n'est surpassée que par celle des vins. En règle générale, l'accord régional fromage et vin est très heureux.

Le fromage flatte toujours le vin à la fin du repas. Vins blancs ou vins rouges, c'est une affaire de goûts.

Cependant, voici quelques suggestions :

Les pâtes molles à croûte fleurie

Brie de Meaux et de Melun	vin rouge de Bourgogne nerveux et fruité, vin de la vallée du Rhône généreux et corsé, vin de Bordeaux (pomerol, saint-émilion)
Camembert	vin de Bourgogne, bordeaux souple et élégant, beaujolais fruité, les côtes-du-rhône ou de Touraine
Chaource	grand bourgogne rouge, vin fruité de la région champenoise, rosé de Riceys ou vin blanc de Chablis
Mont-d'Or	vins blanc et rouge du Jura et d'Arbois, vin blanc de Savoie ou jurançon sec
Neufchâtel	vin rouge fruité (côtes-du-rhône, juliénas), ou vin puissant s'il est très fait.

Les pâtes molles à croûte lavée

Époisses de Bourgogne	vin de Bourgogne
Langres	vin rouge très charpenté, bourgogne (mercurey), vin du Médoc
Livarot	vin rouge ayant de la charpente et du corps (pommard, côte-rotie, corbières)
Maroilles	vin rouge très charpenté
Munster	vin rouge puissant (corton, côte-rotie, haut-médoc), corsé ou typiquement alsacien (gewurztraminer ou pinot noir)
Pont L'Évêque	vin rouge bouqueté corsé, bordeaux ou bourgogne

Les pâtes pressées non cuites

Cantal	vin léger, fruité (côtes-d'auvergne, côtes-du-rhône, beaujolais)
Laguiole	vin rouge fruité (marcillac, costières de Nîmes)
Ossau-Iraty	vin rouge charpenté, vin blanc corsé (jurançon, madiran, irouléguy)
Reblochon	vin blanc fin et fruité de Savoie, vin rouge léger et fruité (beaujolais)
Saint-Nectaire	vin rouge léger et fruité
Salers	vin léger de la vallée de la Loire (sancerre rouge, saumur-champigny)

Les pâtes pressées cuites

Abondance	vin léger de Savoie.
Beaufort	vin blanc de Savoie, fruité (appremont) ou vin rouge fruité de cette région
Comté	vin rouge léger et vin blanc sec

Les pâtes persillées

Bleu d'Auvergne	vin rouge charpenté (madiran, gaillac, cahors), bourgogne ou côtes-du-rhône
Bleu de Gex	vin rouge de Bordeaux, côtes-du-rhône, ou vin du Jura, rouge ou rosé
Bleu des Causses	vin rouge concentré (cornas)
Fourme d'Ambert	vin local rouge ou rosé (côtes-d'auvergne, côtes-du-Forez, côtes roannaise)
Roquefort	vin rouge charpenté (châteauneuf-du-pape, madiran, cahors), vin liquoreux ou vin doux naturel (muscat, banyuls, porto)

Les chèvres

Chabichou	vin du Haut-Poitou
Crottin de Chavignol	vin blanc ou rouge de Sancerre, pouilly ou sauvignon-de-saint-bris
Picodon	vin des côtes du Rhône, rouge et rosé
Pouligny St Pierre	vin blanc sec et fruité (touraine, reuilly blanc)
Sainte-Maure de Touraine	vin rouge léger et fruité (bourgueil, chinon, gamay, cabernet d'Anjou), vin blanc sec (touraine blanc)
Selles-sur-Cher	vin blanc sec (touraine blanc), vin rouge léger et fruité (chinon, bourgueil)

AVEC LES DESSERTS

Le choix du vin pour la fin du repas avec le dessert doit souligner les saveurs sucrées de celui-ci.

Le Champagne et les vins liquoreux ou moelleux font partie des grands classiques en affaire de goût, ils sont agréables et faciles.

La cuisine au vin

Le vin entre dans la composition de nombreuses recettes traditionnelles succulentes. En voici une sélection.

N'oubliez pas ce principe : on sert le même vin que celui qui a été utilisé pour la cuisine.

BOURRIDE

Si vous êtes pressé, vous pouvez utiliser un court-bouillon tout prêt.

Pour 4 personnes :

- *1, 5 kg de poissons blancs mélangés :*
   lotte, bar, sole.

Pour le court-bouillon :
- *2 têtes de poisson*
- *2 carottes*
- *2 oignons*
- *2 poireaux*
- *1 litre de vin blanc sec*
- *bouquet garni*
- *4 jaunes d'oeuf.*
Pour la sauce ailloli :
- *2 jaunes d'oeufs*
- *1/2 litre d'huile d'olive*
- *8 gousses d'ail*

Préparez le court bouillon : placez les légumes épluchés et coupés fins dans un fait-tout avec le vin, le bouquet garni, un demi litre d'eau et les têtes de poisson. Faites cuire à petit feu une heure environ. Passez.

Coupez les poissons en tronçons, et faites-les pocher dans le court-bouillon pendant environ 15 minutes. Vérifiez la cuisson très régulièrement : le poisson ne doit pas se défaire.

Egouttez les poissons, disposez-les sur le plat de service préalablement chauffé.

Passez le bouillon afin qu'il soit limpide.

Préparez l'ailloli : pilez les gousses d'ail épluchées dans un bol, ajoutez les jaunes d'oeuf, puis montez en mayonnaise avec l'huile d'olive. Réservez la moitié de la sauce dans une saucière.

Placez la moitié restante dans une casserole, incorporez en tournant les 4 jaunes d'oeuf, puis, petit à petit le court-bouillon de cuisson. Remettez sur feu très doux sans cesser de remuer jusqu'à ce que cette sauce nappe la cuillère. Versez dans une soupière.

Faites griller des tranches de baguette coupées fin.

Servez ensemble poisson, bouillon, croûtons et ailloli.

CHOU FARCI

Ce plat d'hiver est excellent réchauffé.

Pour 4 personnes :

- 1 chou vert
- 400 g d'échine de porc
- 150 g de jambon
- 150 g de poitrine demi-sel
- 1 tasse de mie de pain trempée dans du lait
- 1/2 litre de vin blanc sec
- 1 oignon piqué de clous de girofle
- thym, laurier
- 2 bardes

Faites blanchir le chou dans de l'eau salée pendant 3 minutes. Jetez l'eau et recommencez l'opération en maintenant le frémissement pendant 30 minutes. En procédant en deux fois, le chou sera moins indigeste.

Egouttez le chou. Disposez les bardes en croix sur une planche en bois, placez le chou au milieu et prélevez le coeur du légume.

Hachez finement les viandes, assaisonnez de sel, poivre, thym, ajoutez la mie de pain, mélangez bien. Placez le quart de cette farce au centre du chou. Repliez les feuilles vers le centre, tartinez-les de farce, et continuez jusqu'à épuisement de la farce. Repliez les bardes sur les dernières feuilles, et ficelez l'ensemble.

Placez le chou farci dans une cocotte, arrosez avec le vin blanc. Ajoutez une feuille de laurier et l'oignon piqué de clous de girofle. Couvrez. Faites cuire à très petit feu pendant trois heures.

ŒUFS POCHÉS EN MEURETTE

Ces proportions sont prévues pour une entrée ; si vous servez ces oeufs en plat unique, doublez les proportions.

Pour 4 personnes :

- 4 oeufs extra-frais
- 4 tranches de pain de mie
- 2 oignons
- 1 gousse d'ail
- 2 tranches de poitrine fumée
- 2 cuillerées à soupe de farine
- 50 g de beurre
- bouquet garni
- 1/2 bouteille de vin rouge

Faites revenir dans 20 g de beurre la poitrine coupée en très petits lardons, les oignons et l'ail hachés. Mouillez avec le vin, salez, poivrez, ajoutez le bouquet garni. Laissez cuire 30 minutes.

Faites dorer les tranches de pain de mie dans l'huile, égouttez-les sur un papier absorbant, et placez-les en attente sur le plat de service.

Dans une grande casserole, faites frémir 1 litre et demi d'eau additionnée d'une cuillerée à soupe de vinaigre. Faites pocher les oeufs pendant 3 minutes. Egouttez-les sur un torchon.

Ajoutez à la sauce le beurre manié avec la farine.

Disposez les oeufs sur les tranches de pain, nappez de sauce.

CRÉPINETTES AU VIN BLANC

Pour 4 personnes :

- 4 crépinettes de porc
- 1/2 litre de vin blanc sec
- 1 tablette de bouillon de poule
- 4 échalotes
- 100 g de beurre.
- 1/4 de bouquet de persil.

Hachez les échalotes. Faites-les revenir dans une cocotte avec 20 g de beurre. Mouillez avec le vin blanc et le bouillon délayé, vérifiez l'assaisonnement. Faites réduire pendant 15 minutes. Retirez du feu.

Faites dorer à feu doux les crépinettes dans une poêle anti-adhésive. Disposez-les sur le plat de service préalablement chauffé.

Remettez la sauce sur le feu, ajoutez le reste du beurre par petits morceaux en remuant constamment avec une cuiller en bois. Versez sur les crépinettes, saupoudrez de persil haché.

LAPIN CHASSEUR

Vous pouvez aussi préparer cette recette avec du poulet.

Pour 4 personnes :

- 1 lapin coupé en morceaux ou 8 rables
- 2 oignons
- 1 gousse d'ail
- 1 bouquet garni
- 100 g de lardons fumés coupés
- 250 g de champignons de Paris
- 50 g de beurre
- 1/2 bouteille de vin blanc sec
- 1 cuillerée à soupe de farine
- 1/4 de bouquet de persil.

Faites revenir les lardons à feu doux dans une cocotte avec 20 g de beurre. Ajoutez les morceaux de lapin, les oignons émincés et la gousse d'ail.

Lorsque la viande est bien dorée, saupoudrez de farine, mélangez, puis versez le vin blanc jusqu'à hauteur. Ajoutez le bouquet garni. Laissez mijoter pendant 40 minutes.

Dans une poêle, faites dorer les champignons émincés, et versez-les dans la cocotte.

Continuez la cuisson pendant 5 minutes.

Servez saupoudré de persil haché et accompagné de pommes vapeur.

BOEUF BOURGUIGNON

Ce plat est encore meilleur réchauffé.

Pour 4 personnes :

- 800 g de boeuf à braiser
- 20 oignons grelots
- 3 gousses d'ail
- 200 g de champignons de Paris
- 150 g de lard fumé
- 1 cuillerée à café bombée de farine
- 1/2 litre de bon vin rouge
- 1/4 litre de bouillon de poule
- bouquet garni
- 1/4 de bouquet de persil.

Découpez la viande en gros cubes, et faites-la revenir dans une cocotte avec le lard coupé. Ajoutez les oignons, l'ail, les aromates, salez, poivrez.

Saupoudrez de farine, mélangez, versez le vin rouge et le bouillon.

Baissez le feu et laissez mijoter pendant 2 heures et demi.

Faites revenir les champignons émincés à la poêle avec un peu de beurre avant de les verser dans la cocotte.

Servez saupoudré de persil haché, et accompagnez de pommes vapeur ou de tagliatelles.

CHAPON AU CHAMPAGNE

Ce plat est délicieux pour un repas de fête et peut remplacer la traditionnelle dinde de Noël.

Pour 8 personnes :

- *1 chapon de 3, 5 kg*
- *250 g de farce fine*
- *100 g de beurre*
- *2 cuillerées à soupe de farine*
- *2 oignons, 2 échalotes*
- *1/2 bouteille de champagne*
- *1 verre de fine champagne*

Remplissez le chapon de farce fine, bridez-le.

Faites-le dorer sur toutes ses faces dans 50 g de beurre. Versez la fine champagne, flambez. Salez, poivrez, ajoutez oignon et échalotes émincés menu, versez le champagne et laissez cuire environ 2 heures.

Otez le chapon, découpez le, coupez la farce en tranches et disposez sur le plat de service. Gardez au chaud.

Liez la sauce en ajoutant petit à petit la farine maniée avec 50 g de beurre.

Servez avec des marrons au naturel et des haricots verts à la vapeur.

COQ AU VIN

Pour 4 personnes :

- *1 coq*
- *150 g de lard de poitrine demi-sel*
- *20 oignons grelots*
- *4 échalotes*
- *1 verre de cognac*
- *1 bouteille de bon vin rouge*
- *3 cuillerées à soupe de farine*
- *250 g de champignons de Paris*
- *bouquet garni*
- *4 tranches de pain de mie*
- *2 cuillerées à soupe d'huile.*

Faites revenir dans une cocotte le lard coupé fin. Ajoutez le coq en morceaux. Laissez dorer, puis versez le cognac et flambez. Couvrez avec le vin, mettez les oignons, les échalotes émincées et le bouquet garni. Salez et poivrez. Laissez mijoter une petite heure.

Faites sauter les champignons émincés au beurre dans une poêle, versez dans la cocotte. Laissez cuire encore 5 minutes.

Pendant ce temps, faites dorer à l'huile les tranches de pain de mie coupées en diagonale.

Disposez les morceaux de coq sur le plat de service chauffé.

Otez le bouquet garni, liez la sauce en incorporant la farine maniée avec 50 g de beurre.

Nappez-en les morceaux de coq, saupoudrez de persil haché, et entourez des triangles de pain frit.

Accompagnez de pommes vapeur.

MAGRETS DE CANARD AU VIN ROUGE

Pour 4 personnes :

- 4 magrets
- 1 bouteille de vin de Cahors
- 2 carottes
- 1 oignon
- 1 gousse d'ail
- 100 g de beurre
- 1 cuillerée à soupe de gelée de gro-
   seilles (facultatif)
- bouquet garni
- 2 clous de girofle
- 3 baies de genièvre
- laurier

Dans une cocotte, faites revenir dans 50 g de beurre les carottes coupées en rondelles, l'oignon et la gousse d'ail émincés, salez, poivrez, ajoutez les aromates et le vin. Laissez cuire une heure à couvert. Mixez la sauce, versez-la dans une casserole et faites-la réduire. Si vous aimez le mélange sucré-salé, faites fondre la gelée de groseille dans une petite casserole et rajoutez-la à la sauce.

Faites cuire les magrets dans une poêle à revêtement anti-adhésif pendant 10 à 15 minutes.

Coupez-les en tranches diagonales sur une

planche en bois, placez-les sur le plat de service chauffé.

Liez la sauce en ajoutant 50 g de beurre par petits morceaux, versez-la sur les magrets.

Accompagnez de purée de pommes de terre ou de navets glacés.

OSSO-BUCCO

Pour 4 personnes :

- 4 tranches de jarret de veau
- 2 cuillerées à soupe de farine
- 50 g de beurre
- 1/2 bouteille de vin blanc sec
- 1 petite boite de concentré de tomate
- 1 branche de céleri
- 2 oignons
- 1 citron non traité
- 1 orange non traitée
- 1 bouquet de persil

Faire revenir les tranches de jarret dans une cocotte avec le beurre. Lorsqu'elles sont dorées, saupoudrez de farine et ajoutez les oignons émincés, la branche de céleri coupée en morceaux, le vin blanc et le concentré de tomate.

Laissez cuire à feu doux 30 minutes.

Pelez l'orange et le citron avec un couteau économe. Gardez les zestes. Pressez les fruits et versez le jus dans la cocotte.

Laissez cuire quelques minutes.

Pendant ce temps, hachez les zestes avec le persil.

Disposez les tranches de jarret sur un plat de service, nappez avec la sauce et saupoudrez du mélange zestes-persil.

Servez du riz créole en accompagnement.

PÊCHES AU BORDEAUX

Ce dessert vite fait peut se préparer la veille.

Pour 4 personnes :

- *4 grosses pêches blanches*
- *1 bouteille de bordeaux rouge*
- *1/2 bouteille de sirop de sucre de canne*
- *2 clous de girofle*
- *2 pincées de cannelle*
- *quelques feuilles de menthe fraîche pour la décoration.*

Versez dans une casserole le vin, le sirop de sucre de canne, ajoutez les épices. Portez doucement à ébullition.

Epluchez les pêches, et faites-les pocher pendant environ dix minutes. Sortez-les délicatement et placez-les dans des coupelles individuelles.

Faites réduire le sirop des deux-tiers, et versez sur les pêches. Décorez de feuilles de menthe. Placez deux heures au réfrigérateur avant de servir.

SOUPE DE PRUNEAUX

Cette recette sera beaucoup moins calorique si elle est préparée avec 125 g de sucre et un édulcorant de synthèse.

Vous pouvez garder cette soupe plusieurs jours dans un bocal bien fermé placé au réfrigérateur.

Pour 4 personnes :

- *500 g de pruneaux secs*
- *une bouteille de vin rouge*
- *250 g de sucre en poudre*
- *2 bâtons de vanille*
- *2 dl d'armagnac (facultatif)*

Versez dans une casserole le vin, le sucre et ajoutez la vanille. Portez à ébullition. Ajoutez l'armagnac, si vous voulez un dessert plus corsé.

Coupez les pruneaux en deux, mettez-les dans la casserole, laissez frémir cinq minutes et retirez du feu. Otez les bâtons de vanille, laissez refroidir, placez au réfrigérateur.

Les boissons à base de vin

QUELQUES COCKTAILS

Le kir : 1 trait de crème de cassis et du bourgogne aligoté. Variantes : crème de framboise, de melon, de mûre, de pêche, de cerise.

Le kir royal : 1 trait de crème de cassis et du champagne. Variantes : vin mousseux.

Le kir breton : 1 trait de crème de cassis et du cidre brut.

Le fénélon : 1 trait de crème de cassis et du vin de Cahors.

Le pousse-rapière : 1/3 d'armagnac, 2/3 de gaillac perlé.

La sangria : 1 litre de vin rouge, 1 pomme coupée en dés, 1/2 citron coupé en quartiers, 2 oranges coupées en quartiers, 3 cuillerées à soupe de sucre en poudre, 1 verre à liqueur de cognac, 1 verre de Grand Marnier. Vous pouvez aussi mettre d'autres fruits : poires, abricots, ananas, raisins, fraises…

Au shaker :

Le porto-flip : 1 jaune d'œuf, 1 verre de porto, 1 cuillerée à café de sucre en poudre, 1 cuillerée à café de crème fraîche, 1 pincée de noix de muscade.

Le lait de poule : 1 tasse de lait bouillant, 1 verre de vin de liqueur de type muscat, 2 jaunes d'œufs, 1 cuillerée à soupe de sucre.

Petits conseils pour des préparations culinaires à base de vin

- Ne pas utiliser de vins ordinaires ou trop légers. Après cuisson, leur réduction ne fera qu'accentuer leur manque de corps.

- Inutile de prendre de vieux millésimes en pensant que cela constituera « un plus », pour la recette. Au contraire, cela peut lui être fatal, indépendamment du fait que c'est coûteux.

- On doit toujours servir à table le même vin que celui qui a été utilisé pour le plat, même si c'est un millésime différent.

- Les sauces au vin doivent mijoter et surtout ne pas bouillir.

CHAPITRE 9

CONSERVER ET SERVIR UN VIN

MIS EN BOUTEILLE PAR FIRST

PRODUCE OF FRANCE

12 % vol.

Les bouteilles et leur contenance

La bouteille de vin classique a une contenance de 0,75 l. Les vins liquoreux, plus doux, avec un degré alcoolique plus élevé, sont souvent vendus en demi-bouteille.

Vous trouverez chez les cavistes et dans beaucoup de grandes surfaces un choix important de demi-bouteilles. Plus chères, elles conviennent cependant à tous ceux qui boivent très peu et ne veulent pas se soucier du surplus.

Le magnum est souvent synonyme de grandes occasions : le champagne se vend très bien sous cette forme. Voici quelques autres contenances : un quart équivaut à 0,18 ou 0,2 l, une demi-bouteille à 0,375 l. Les quarts sont souvent vendus comme bouteilles individuelles dans les bars ou dans les transports. Au-dessus de la bouteille, on trouve le magnum qui correspond à 2 bouteilles, le jéroboam (4 bouteilles) et le réhoboam (6 bouteilles). Plus rares mais qui méritent d'êtres signalés, le mathusalem (8 bouteilles), le salmanazar (12 bouteilles), le balthazar, (16 bouteilles) et, enfin, le nabuchodonosor (20 bouteilles).

S'il existe des vins bon marché en magnum, on trouve aussi des magnums de très bons vins. Beaucoup de professionnels considèrent d'ailleurs que cette contenance favorise la longévité et la qualité du vin. Lors d'un dîner, c'est une bouteille qui fait en général une forte impression. Attention, au-delà de cette contenance, la bouteille devient nettement moins pratique !

Avis à tous ceux qui ont décidé de baptiser leur yacht avec une bouteille de champagne : l'effervescence des vins pétillants soumet les bouteilles à une telle pression qu'elles doivent être renforcées pour supporter la pression interne... et les chocs. Il vous faudra donc frapper bien plus fort !

Le vieillissement et la conservation

Le vin doit vieillir. Même ceux qui ne boivent pas de vin vous le diront. Le vin est l'un des rares produits issus de l'agriculture qui se bonifie en vieillissant.

Le vin était mis à vieillir avant tout parce qu'on pouvait le mettre en bouteilles et le conserver sous cette forme pendant plusieurs années. C'est d'ailleurs parce que des vins d'années différentes étaient gardés dans une même cave que l'année de naissance des bouteilles (le millésime) est devenue importante. Comme nous l'avons vu, un même vin peut varier considérablement d'une année sur l'autre en fonction des conditions climatiques pendant sa longue période de croissance.

Pour savoir si une année est bonne ou très bonne, il faut souvent attendre deux ans, voire plus, après les vendanges et la dégustation des premières bouteilles. Mais bien souvent, si les conditions climatiques ont été favorables, tout porte à supposer que le vin sera bon. Quant à savoir si l'année est excellente, seul l'avenir peut le dire !

La plupart des vins rouges et pratiquement tous les blancs ne dépassent pas quatre ans d'âge. Le viticulteur ne peut pas en général élaborer un vin qui soit en même temps bon au bout de deux ou trois ans et qui puisse évoluer vers un vin encore meilleur dix ans plus tard. Rares sont les vins capables d'être consommés à la fois à court et à long terme.

Beaucoup de vins ne se bonifient pas après quelques années et risquent au contraire de se détériorer. Quelques-uns comportent en revanche des éléments qui ont besoin de temps pour mûrir. Certains, surtout des rouges, sont élaborés avec un soin tout particulier pour rester irréprochables pendant plus d'une décennie. Plus chers, ils sont destinés à un public plus restreint. Le processus de vieillissement se joue au niveau de l'équilibre entre l'alcool et le tanin. Les vins qui méritent vraiment de vieillir proviennent des cépages rouges nobles comme le cabernet-sauvignon, le nebbiolo, le sangiovese, la syrah et, dans une moindre mesure, le pinot noir et le merlot.

Bon, je crois que le temps est venu de le boire.

COMMENT LE VIN ÉVOLUE-T-IL ?

Détaillons l'évolution d'un vin rouge cher qui mérite de vieillir.

1. Le vin est goûté juste à sa sortie de fût. Les premiers adjectifs fusent alors « tanins puissants, fruit dominant, excellente longueur ».

2. Le vin entre ensuite dans sa phase de repos. Les arômes de fruits s'effacent, masqués par les tanins. Les saveurs ne sont plus équilibrées.

3. Après un certain laps de temps, le vin sort de son sommeil, doté d'arômes fruités mûrs, de tabac, de cèdre, de figue, etc., qui valent réellement le temps attendu et le prix.

4. Le vin perd les qualités qui en faisaient un vin d'exception. Le fruité et le tanin sont partis. Le vin n'a plus qu'un goût de thé allongé. Mais comme il a été produit lors d'une « excellente année », il gardera son cachet. Mieux vaut ne plus l'ouvrir.

Quel que soit le vin que vous choisissez de garder, il est préférable de le conserver à l'abri de la lumière, à une température comprise entre 9 °C et 15 °C. Rien de dramatique cependant si vous devez le garder à 21 °C pendant six mois.

Dans un endroit trop chaud, le vin mûrit trop vite ; dans un endroit trop froid, il mûrit trop lentement. Si pendant les grosses chaleurs de l'été, la température grimpe énormément chez vous, n'attendez pas pour boire vos bons vins.

Rangez toujours vos bouteilles couchées pour que le bouchon reste humide. Que vous gardiez vos vins un mois ou dix ans, c'est une bonne habitude à prendre. Un bouchon sec risque de se contracter, laissant alors l'air pénétrer à l'intérieur de la bouteille.

L'idée ne vous viendra sûrement jamais de secouer vos bouteilles. Si cette idée saugrenue devait pourtant vous traverser un jour l'esprit, sachez qu'elle est mauvaise ! Selon certains spécialistes, les vibrations nuiraient au vin. Même si cela n'a jamais été scientifiquement prouvé, mieux vaut vous abstenir. Cela ne veut pas dire que les bouteilles de vin sont aussi fragiles qu'un nouveau-né. Simplement, si vous envisagez d'avoir une cave, évitez de la faire construire près d'une voie ferrée !

Servir à la bonne température

Le champagne et les vins effervescents se servent frais, de préférence dans un seau à glace. Il en va de même pour le vin blanc qui, lui, ne doit pas être trop glacé. Avant d'être servis, la plupart des vins sortant du réfrigérateur doivent se réchauffer un court laps de temps. L'idéal est de servir un rouge à une température légèrement plus fraîche que la température de la pièce.

Mais à moins de posséder un thermomètre à vin, il est bien difficile de savoir à quelle température exacte il faut servir un vin. Si vous avez prévu un blanc, un rouge et du champagne, il va vous falloir jongler entre le réfrigérateur (pour le blanc), un endroit frais de votre domicile (pour le rouge) et le seau à champagne pour le champagne !

La méthode est simple. Pour refroidir un vin, on le met au réfrigérateur, pour le réchauffer, on le sort ! Mais l'endroit où vous habitez, la saison et l'exposition de votre habitation déterminent la température intérieure. Au cœur de l'été, dans un appartement de ville ou un restaurant dépourvu d'air conditionné, la chaleur peut facilement atteindre 30 °C.

Grâce à quelques règles de base, tout le monde, sans être physicien ou météorologue, peut parvenir à servir un vin à la bonne température.

- La température d'une bouteille pleine couchée dans le réfrigérateur descend d'environ 2 °C toutes les 10 minutes. Le refroidissement est deux fois plus rapide dans le congélateur. Le mieux, et le plus rapide, est le seau à champagne avec un mélange d'eau et de glace. Et si vous n'avez vraiment pas le temps, ajoutez un peu de sel.
- Si vous sortez une bouteille de vin blanc du réfrigérateur, sachez qu'elle se réchauffera de 2 °C toutes les 10 minutes dans une pièce fraîche et bien plus vite si vous versez un peu de vin dans un verre. Dans une pièce chaude, le réchauffement est deux fois plus rapide.
- Pour modifier la température, vous pouvez également utiliser l'eau chaude ou l'eau froide selon vos besoins. Le réchauffement ou le refroidissement sera plus rapide qu'avec l'air ambiant. Attention, il est difficile de deviner la température de l'eau, surtout de l'eau chaude. Si vous êtes très pressé ou que votre vin est plutôt ordinaire, placez la bouteille dans un récipient d'eau (froide ou chaude).
- Dans le congélateur, une bouteille de vin blanc passera de la température ambiante à une température de 9 °C environ en 40 à 45 minutes. Cela correspond à la moitié du temps normal dans le réfrigérateur.

Maintenant que les grandes lignes sont établies, voici quelques données chiffrées.

Le vin rouge

Le vin rouge se boit à environ 18 °C. S'il s'agit d'un rouge de qualité plutôt moyenne, qui comporte des composants pas très agréables que vous voulez engourdir un peu, ou d'un beaujolais (bon comme moins bon), il est préférable de le servir à 15 °C.

S'il fait 21 °C chez vous, il va donc vous falloir mettre le vin dans le réfrigérateur 15 minutes si vous n'avez pas de cave ou d'emplacement frais. S'il fait 30 °C, il lui faudra passer 40 minutes au réfrigérateur pour atteindre la température idéale de 18 °C.

Le vin blanc

Le vin blanc se boit à environ 9 °C. S'il s'agit d'un vin blanc très cher, vous aurez peut-être envie de mieux en sentir toute la richesse. Servez-le à 14 °C. Admettons que votre réfrigérateur soit à 6 °C, température généralement conseillée, et que votre blanc ne soit pas une très grande bouteille (que vous allez servir à 9 °C), vous devez sortir la bouteille 15 minutes avant s'il fait 21 °C et 8 minutes s'il fait 30 °C.

Le champagne et les vins effervescents

Le champagne et les vins effervescents se servent à 6 °C environ, c'est-à-dire à peu près la température du réfrigérateur. L'idéal est de les boire légèrement moins frais, mais il faut savoir qu'une fois sortie du réfrigérateur, la bouteille va se réchauffer très vite. Mieux vaut

alors prévoir un seau à champagne pour la maintenir au frais car trop chaud, le champagne n'a rien de très exaltant.

Le xérès

Les xérès secs, à la robe claire, se servent frais, comme les vins blancs. Les xérès plus sombres et plus sucrés se consomment comme les vins rouges – et même à température ambiante.

Le porto, le marsala et le madère

Comme le vin rouge.

Les vins liquoreux

Comme le vin blanc.

C'est en faisant des erreurs que vous parviendrez à jongler avec le temps pour obtenir la température idéale, mais les indications données ici devraient vous permettre de parvenir à vos fins dans tous les types de situation. Sachez néanmoins que même si vous servez les vins à la bonne température, vous ne pouvez pas les empêcher de se réchauffer dès qu'ils se trouvent dans les verres.

Laisser le vin respirer

Qu'est-ce que veut dire " respirer " pour un vin ? Tout simplement être au contact de l'air et s'aérer. Les blancs ne réagissant pas, tout du moins instantanément, au contact de l'air, seuls les vins rouges ont besoin de respirer. Ce livre n'étant pas un traité de chimie, nous nous abstiendrons d'expliquer les réactions et processus complexes qui se produisent. Essayons de comprendre comment l'air modifie le vin.

Tous les vins, ou presque, sont élaborés pour évoluer dans le temps. C'est d'ailleurs la raison pour laquelle nous buvons des vins de plusieurs années d'âge. Pendant son évolution, le vin mûrit. L'équilibre entre les tanins et les acides, deux de ses principaux composants, se modifie. Sans contact avec l'oxygène, le vin peut même devenir âpre. Puis, les tanins et/ou les acides s'assagissent et les arômes de fruits apparaissent, rétablissant l'équilibre des composants. Si l'exposition à l'air est trop longue, le vin – notamment le vin rouge – tourne et commence à sentir le vinaigre.

Un zinfandel, un cabernet-sauvignon, une syrah ou un nebbiolo vont peut-être devoir respirer une heure, voire plus, selon la façon dont le vin a été élaboré et son stade de maturation. Autre élément à prendre en considération : les goûts des personnes qui vont boire le vin. Certaines veulent goûter le vin dès l'ouverture de la bouteille pour pouvoir ensuite savourer son évolution dans le temps. Inutile par exemple de laisser beaucoup respirer un beaujolais nouveau, ce qui est logique puisque c'est un vin élaboré pour être bu juste après la vendange.

En règle générale, tous les vins rouges sont meilleurs après dix minutes passées dans un verre. Déboucher la bouteille et la laisser telle quelle ne suffit pas, car le vin est trop peu au contact de l'air. Il doit respirer dans un verre. Les vins qui n'ont pas encore atteint leur apogée à l'ouverture de la bouteille auront un goût encore meilleur après une demi-heure. Inutile de calculer rigoureusement le temps d'aération, mais sachez que certains très bons vins ont un mauvais goût à l'ouverture. Retenez simplement qu'un vin rouge se bonifiera toujours – en tout cas il ne sera jamais plus mauvais – après dix minutes d'aération. Dans une certaine mesure, le contact avec l'air peut aussi être bénéfique aux vins blancs. Ils ne seront de toute façon pas moins bons. Certains vins sont même meilleurs le lendemain. Un petit rouge acheté 30 F que nous avions commencé un jour ressemblait le lendemain à un bon rouge à 60 F. Inutile de préciser que nous n'avions pas laissé le vin dans un verre et que nous avions remis un bouchon sur la bouteille.

Ne laissez pas un très bon vin de 15 ans d'âge au contact de l'air trop longtemps, car il va changer radicalement de minute en minute. La maturation s'est déjà produite pendant les longues années passées en bouteilles et il n'est pas rare que le dioxyde de carbone s'épuise au bout d'une petite heure seulement. Mais un court laps de temps est souvent inoubliable, car le vin que l'on croyait statique prend réellement vie. Inutile de garder un fond de bouteille pour le lendemain (sauf par curiosité).

Les verres à vin

Tous les verres à vin possèdent un pied qui relie le corps du verre (le ballon) à la base. Le protocole veut que l'on tienne le verre par le pied, à la fois pour éviter les traces de doigts sur le ballon, et pour ne pas réchauffer le vin avec les mains.

Disons, pour simplifier, qu'il existe trois grands types de verre : les verres polyvalents pour le vin blanc, les verres à ballon volumineux pour les vins rouges et les flûtes pour le champagne.

Il est bien évident qu'on trouve de multiples styles de verre dans les magasins chics d'articles de ménage, mais la plupart d'entre nous se contentent des trois catégories de base. Il existe des verres spéciaux pour des cépages particuliers. Le verre de bourgogne, reconnaissable à son ballon volumineux dont la base large se referme vers le haut, sert, en théorie, à savourer le pinot noir.

Si vous n'avez pas chez vous de verres à vin dignes de ce nom, commencez par acheter un service de verres à vin standard. En raison de leur forme à part, les verres de bourgogne sont moins pratiques que les verres à vin blanc. Attention, si l'on peut servir du rouge et du blanc dans un verre à vin standard, on ne sert jamais de blanc dans un verre de bourgogne, par exemple.

Si vous aimez le vin rouge ou souhaitez en servir à vos invités, investissez dans un service à verres adéquat. Vous pourrez ainsi servir du vin rouge et du vin blanc sans qu'il y ait de confusion possible entre les verres.

Comme la forme, la contenance diffère également selon les verres. On trouve par exemple des verres contenant plus de 50 cl, d'autres moins de 30 cl. Nous vous conseillons de présenter des verres de 35 cl à vos invités, mais d'avoir un verre plus petit pour le quotidien. Si vous envisagez d'acheter un second service à vin rouge, sachez que les gros verres sont souvent très appréciés et admirés même s'ils font un peu prétentieux et se cassent plus facilement.

Évitez autant que possible les formes étranges et les couleurs. Le vin doit se voir en transparence et couler harmonieusement du verre sans avoir à négocier des virages ni à franchir d'obstacles !

Pour ne rien vous cacher, les verres à vin se cassent. Au fil du temps, vous allez sûrement en casser plus d'un. Optez pour un modèle simple, courant et peu coûteux pour pouvoir remplacer les manquants sans difficulté.

COUPE   FLÛTE À CHAMPAGNE   VIN BLANC   VIN ROUGE

Ne servez jamais du vin dans un gobelet en plastique ou une tasse. Si vous organisez une réception ou une grande fête (mariage, anniversaire, etc.), sachez qu'il est possible de louer des verres, bien souvent à un prix raisonnable. Quel que soit le vin servi, cela ajoutera une petite note festive à votre réception.

Le service du vin

Est-ce vraiment quelque chose dont il faut se soucier ? La réponse est bien entendu non, même s'il y a un ou deux petits trucs à connaître, notamment si vous envisagez de travailler dans un restaurant.

Si c'est vous qui assurez le service, vous devez, par politesse, vous servir en dernier.

Ne remplissez pas les verres à plus de la moitié, l'idéal étant de ne pas dépasser un tiers. Plus le verre est rempli, plus il est difficile de tourner le vin pour en dégager les arômes et accentuer le plaisir de la dégustation. Dans un verre peu rempli, vous verrez mieux si le vin est visqueux ou s'il laisse des jambes sur le verre.

Lorsque vous servez du vin, visez le centre du verre, car il n'y a aucun risque de bouillonnement. Inversement, le champagne ou tout autre vin effervescent se sert lentement, sur la paroi du verre.

Une fois le verre suffisamment rempli, tournez légèrement la bouteille en la redressant afin d'éviter aux gouttes de couler.

Si vous êtes serveur dans un restaurant, vous devez, avant d'ouvrir la bouteille, la présenter à l'ensemble des convives et plus particulièrement à celui qui est le plus susceptible de payer l'addition (généralement celui qui a commandé le vin).

Lorsque la bouteille est pratiquement vide, vous risquez de voir apparaître une couche de dépôts : la lie. Il n'y en a pas dans toutes les bouteilles, mais les rouges âgés en ont bien souvent.

La lie n'est pas dangereuse ; vous pouvez simplement être surpris de la découvrir au fond de votre verre. Elle trouble le vin. Pour éviter tout problème, laissez toujours un fond de bouteille (surtout s'il s'agit de vin rouge) et, arrivé presque à la fin, servez en faisant pivoter la bouteille pour séparer la lie du vin.

Si vous voyez de la lie dans votre verre, ne vous inquiétez pas. Buvez lentement : il y a de fortes chances pour qu'elle se dépose au fond.

La décantation

La décantation n'est pas une opération qui s'impose quotidiennement. Il est même possible de ne jamais avoir besoin de décanter un vin.

La décantation consiste à transvaser un vin de sa bouteille d'origine dans un autre récipient pour séparer le vin du dépôt. Voici quelques petits trucs si vous servez un vieux vin rouge ou un vieux porto : placez la bouteille en position verticale un jour avant de la servir. Versez le vin lentement afin de ne pas agiter le dépôt qui se trouve maintenant au fond de la bouteille. Placez-vous près d'une source de lumière afin de pouvoir surveiller le mouvement de la lie à travers la transparence du verre, au niveau de l'épaulement de la bouteille.

La décantation permet aussi d'aérer le vin. Si vous décantez un porto, l'aérer n'a pas grande importance. En revanche, si vous décantez un vieux vin, le temps compte, car ses composants fragiles vont disparaître rapidement après ouverture.

Si vous ne possédez pas de carafe, servez le vin lentement pour laisser la lie au fond de la bouteille ou bien transvasez dans une bouteille propre. À ne conseiller que si vous n'avez pas la main qui tremble ! La décantation n'est pas obligatoire. Certaines personnes préfèrent d'ailleurs ne jamais décanter et faire attention en versant dans les verres. C'est tout à fait possible si les dépôts ne diminuent pas votre plaisir.

Une méthode rapide consiste à filtrer le vin à l'aide d'une étamine ou d'un filtre à café. C'est infaillible, même si les puristes déplorent que le vin soit mis en contact avec un élément étranger.

Il est parfois recommandé de décanter un vin jeune uniquement pour l'aérer. Dans ce cas, l'opération doit être menée rapidement, en versant le vin au centre de la carafe afin de provoquer des remous. L'objectif est ici d'exposer la plus grande surface de vin à l'air. Laissez le vin reposer ensuite pendant une heure environ avant de le servir. L'aération permet de bonifier les vins rouges jeunes. Si vous achetez des vins qui ont besoin d'être décantés, n'oubliez pas d'acquérir aussi un décanteur ou une carafe pour l'opération.

Le bouchon

Le meilleur moyen d'empêcher l'air (et surtout l'oxygène) de pénétrer à l'intérieur d'une bouteille est sans conteste de l'obstruer à l'aide d'un bouchon. En gonflant dans le goulot, le bouchon ferme hermétiquement. Il faut cependant qu'il soit maintenu humide afin de ne pas se contracter. Attention, si la bouteille est conservée dans une pièce très froide, le bouchon peut également être propulsé à l'extérieur du goulot.

C'est au contact de l'oxygène que le vin évolue, mais il ne faut pas que ce contact se produise avant l'ouverture de la bouteille.

Lorsque vous achetez une bouteille, vérifiez la fermeté du bouchon. Il ne doit ni dépasser ni être trop en retrait du goulot. Si ce n'est pas le cas, choisissez une autre bouteille. Une fois la partie métallique ôtée, au moment d'ouvrir la bouteille, vérifiez l'état du bouchon. S'il est moisi, il est peut-être préférable de rapporter la bouteille à votre magasin.

Le bouchon à vis est certainement 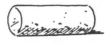 le meilleur moyen d'empêcher l'air de pénétrer à l'intérieur de la bouteille. Regardez les bouteilles de sodas, et vous en verrez immédiatement l'avantage. Malheureusement, les bouchons dévissables ne se trouvent que sur les bouteilles de vin

bon marché, voire, selon certains, imbuvables ! Ce type de bouchons est très fréquent sur les bouteilles de vin suisses, mais leur exportation est limitée.

Contrairement aux bouchons à vis, les bouchons en liège comportent des imperfections qui peuvent détériorer le vin. Une fermeture non hermétique laisse pénétrer l'oxygène, vieillissant le vin avant l'âge. Il arrive aussi qu'une partie du bouchon se désintègre dans la bouteille, donnant au vin un très désagréable goût de bouchon. Il est utile de toujours garder quelques bons bouchons de rechange que vous pourrez utiliser en cas de problème. Lorsque vous rebouchez une bouteille, n'utilisez jamais un bouchon cassé ou qui menace de s'effriter. Au bout d'un certain temps, les vieux bouchons sont trop larges et ne rentrent plus dans les bouteilles : il est alors temps de les changer. Si vous gardez des demi-bouteilles vides pour pouvoir conserver vos fonds de bouteilles, n'oubliez pas de les boucher, même vides. Vos bouchons ne risqueront pas ainsi de s'élargir et vous empêcherez la poussière de rentrer.

Les tire-bouchons

Comme son nom l'indique, le tire-bouchon sert à extraire le bouchon de la bouteille. Mais pas de n'importe quelle bouteille : celles de champagne et des vins effervescents s'ouvrent à la main, aidées par la pression à l'intérieur de la bouteille. Depuis son invention il y a trois siècles, le tire-bouchon a été réalisé en plus de six cents modèles différents. Pas étonnant donc qu'il existe des collectionneurs de tire-bouchons, regroupés en véritables associations ! Mais parlons plutôt des tire-bouchons que l'on utilise quotidiennement pour ouvrir les bouteilles.

À VRILLE

C'est celui que l'on trouve sur certains couteaux pliants. Il possède généralement une vrille et un manche. Peu recommandé, il fonctionne assez mal. La vrille équipe cependant la plupart des tire-bouchons. À moins que vous n'utilisiez un tire-bouchon de sommelier, il vous faudra pénétrer le bouchon de part en part pour pouvoir le faire remonter.

LE SCREWPULL

Ce modèle est très nettement supérieur au précédent. Il est conçu pour permettre au tire-bouchon de pénétrer dans le bouchon en restant droit. La seule chose à faire est de positionner le screwpull sur la bouteille et de commencer à tourner. Au début, vous enfoncez la vrille à l'intérieur du bouchon puis, lorsqu'elle est suffisamment descendue, sans changer de mouvement, le bouchon commence à remonter. Cela paraît magique… jusqu'à ce que vous essayiez et compreniez comment cela fonctionne. (Un indice : c'est le bouchon qui remonte la vrille).

LE TIRE-BOUCHON À LEVIERS LATÉRAUX

Il s'agit d'un tire-bouchon en métal avec deux leviers latéraux. Ce tire-bouchon a ses détracteurs qui regrettent qu'on ne puisse pas contrôler la direction de descente de la vrille dans le bouchon. Ce type d'instrument demande, certes, un temps d'adaptation, mais une fois que vous y serez habitué, vous n'aurez plus de problème. Le décapsuleur à son extrémité est un plus.

Comment ça marche ? Il suffit de placer la vrille perpendiculairement à la surface du bouchon. Tout en maintenant le tire-bouchon aussi vertical que possible, faites tourner l'extrémité supérieure. La main qui maintient la bouteille doit être placée de façon à ne pas gêner les deux leviers qui se soulèvent au fur et à mesure que la vrille s'enfonce. Une fois les deux leviers en haut (approximativement à 11 h et 13 h), rabattez-les. Le bouchon sort entièrement, si tout se passe bien. S'il n'est pas totalement extrait, vous pouvez l'arracher tout en continuant de tenir le tire-bouchon.

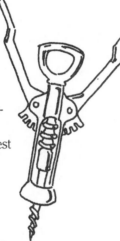

LE TIRE-BOUCHON LIMONADIER

C'est un tire-bouchon muni d'un petit couteau avec lequel le serveur ôte la partie métallique qui recouvre le bouchon. C'est un bel instrument, mais le mécanisme d'extraction laisse beaucoup à désirer. Avec de la pratique, il peut devenir quasiment parfait.

Comment ça marche ? La vrille est enfoncée manuellement au centre du bouchon, puis le bec décapsuleur est placé sur le bord du goulot. Il n'y a plus ensuite qu'à tirer lentement le tire-bouchon pour extraire le bouchon. Si vous n'avez

nullement l'intention de travailler dans un restaurant, oubliez ce type de tire-bouchon et optez plutôt pour un screwpull.

LE TIRE-BOUCHON BILAME

C'est le tire-bouchon par excellence du sommelier et le meilleur, de l'avis de tous. C'est le seul tire-bouchon dépourvu de vrille.

Comment ça marche ? Le principe consiste à glisser les deux lames de part et d'autre du bouchon par un mouvement de va-et-vient du poignet, puis de tourner. Les deux lames étant de longueur différente, il faut d'abord glisser la plus longue entre le bouchon et la paroi de la bouteille avant de glisser l'autre. Attention, cet instrument est délicat à utiliser, car il exige une grande pratique. Il est plutôt réservé aux professionnels. Si vous possédez des bouteilles anciennes dont les bouchons se sont détériorés avec le temps, ce tire-bouchon reste cependant l'instrument idéal pour les ôter sans risque d'effritement.

LA PINCE À PORTO

L'instrument le plus sophistiqué est la pince à porto. Comme son nom l'indique, elle est conçue pour ouvrir les très vieilles bouteilles de porto dont le bouchon s'est désagrégé.

Comment ça marche ? Les pinces sont chauffées puis enserrées autour du goulot de la bouteille. La chaleur chauffe le verre sur une mince bande juste en dessous du bouchon. Il suffit ensuite d'effleurer la partie chauffée à l'aide d'un objet fin trempé dans l'eau froide pour couper d'un coup sec le goulot.

LE CAS DU CHAMPAGNE

Comme nous l'avons déjà vu plus haut, les bouteilles de champagne ou de vins effervescents s'ouvrent sans tire-bouchon. Leur ouverture doit cependant être aussi délicate et maîtrisée que possible, car les bouteilles peuvent devenir une véritable arme si vous ne retenez pas le bouchon ! Gardez toujours le pouce (ou un autre doigt) sur le bouchon, ôtez le haut de la capsule de surbouchage et le muselet qui le recouvrent, sans trop éloigner le pouce. Placez ensuite la bouteille, à 45°, à l'écart des convives. Maintenez fermement le bouchon avec la main droite et tournez la bouteille de la main gauche, en la prenant par la base. Ne tournez jamais le bouchon. Continuez à bien le maintenir lorsque vous sentez que la pression à l'intérieur de la bouteille pousse le bouchon.

Conserver les fonds de bouteille

La conservation des fonds de bouteille soulève des controverses. Il existe cependant des instruments conçus pour permettre à un vin de garder sa " fraîcheur ". Certains pompent l'air de la bouteille, d'autres le remplacent par un gaz inerte. Dans les deux cas, l'objectif est d'empêcher le contact du vin avec l'oxygène. L'efficacité de ces procédés varie en fonction des études.

Les restaurants servant de bons vins au verre sont parfois contraints de choisir entre servir un vin douteux ou le jeter. Au frais, un vin blanc se garde bien tandis qu'un vin rouge ouvert seulement un ou deux jours plus tôt peut ne plus être buvable du tout.

Si vous ouvrez une bouteille de très bon vin rouge, il est même préférable de la boire dans l'heure qui suit (ou dans les deux heures au plus) si vous ne voulez pas qu'elle perde les qualités acquises pendant toutes ses années de vieillissement. Les vins liquoreux et les vins de liqueur se gardent, eux, longtemps sans difficulté.

Le problème est donc de conserver un vin de table pour pouvoir le consommer ultérieurement.

OPTION 1

La façon la plus simple et, à notre avis, la meilleure est la suivante. Achetez une demi-bouteille. Buvez-la tout à fait normalement et quand vous avez terminé, rincez la bouteille plusieurs fois à l'eau chaude, laissez-la sécher et rebouchez-la.

Et voilà, vous avez maintenant une bouteille de remplacement. Lorsque vous achetez une bouteille en sachant pertinemment que vous n'allez pas la terminer, faites comme suit :

1. Ouvrez la nouvelle bouteille.
2. Versez la moitié de son contenu directement dans votre demi-bouteille. Remplissez-la jusqu'au goulot en laissant très peu ou aucun espace entre le vin et l'emplacement du bouchon.
3. Rebouchez la demi-bouteille.
4. Mettez-la au réfrigérateur (pas nécessaire pour les vins rouges).

Vous avez maintenant une demi-bouteille de vin qui n'a été que très peu en contact avec l'air et qui ne va pas être exposée à l'oxygène dans sa nouvelle demeure. Vous pouvez ainsi conserver de nombreux vins rouges, notamment des vins jeunes, jusqu'à deux semaines. Au réfrigérateur, le temps de conservation est encore plus long. Mais attention, les variations de température ambiante et les réactions différentes des vins peuvent modifier ces temps de conservation.

Pourquoi mettre le vin au réfrigérateur ? Tout simplement parce qu'au frais l'oxydation qui transforme notamment le vin en vinaigre se ralentit.

Cet appareil permet de vider l'air d'une bouteille ouverte afin de préserver le vin restant.

Les demi-bouteilles sont, pour la plupart, plus courtes que les bouteilles normales et tiennent mieux, debout, dans la porte du réfrigérateur.

Évitez néanmoins le verre teinté, au travers duquel vous ne pourrez pas voir le niveau du vin (ni même la propreté de la bouteille au moment de la nettoyer !).

Si vous ne buvez pas votre demi-bouteille entièrement le jour même et désirez la terminer le lendemain, il est préférable de la mettre au frais, car elle contient maintenant de l'oxygène.

OPTION 2

Remettez le bouchon sur votre bouteille originale et placez-la au réfrigérateur le plus tôt possible après l'ouverture.

Quelle que soit l'option utilisée, il est préférable de ne pas coucher la bouteille sur le côté. Le bouchon étant moins hermétique, vous risquez de perdre du vin (et de tout salir !).

Les vins pasteurisés n'ont pas besoin de tant d'attention, car la pasteurisation détruit tout ce qui pourrait faire tourner le vin.

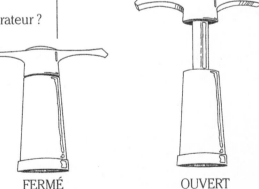

FERMÉ   OUVERT

Conserver le champagne

Si vous buvez du champagne ou tout autre vin effervescent à de nombreuses occasions, vous risquez de ne pas toujours finir les bouteilles. Il est conseillé d'acheter un bouchon hermétique résistant à la pression (comme celui de droite), très efficace pour garder la gazéification. Vous pouvez aussi essayer avec un bouchon en liège normal, mais vous devez dans ce cas-là remettre le muselet pour le maintenir en place et éviter qu'il ne sorte. Conservé correctement, votre fond de champagne se gardera un jour ou deux. Mais vous pouvez aussi préparer l'un des cocktails suivants :

CHAMPAGNE COCKTAIL

1	morceau de sucre
1	trait d'angostura
18 cl	de champagne frais

Versez un trait d'angostura sur le morceau de sucre au fond de la flûte à champagne. Ajoutez le champagne. Remuez et servez avec une 1/2 rondelle d'orange et un zeste de citron.

MIMOSA

9 cl	de champagne frais
9 cl	de jus d'orange

Versez les deux ingrédients dans une flûte à champagne ou un verre à vin blanc. Remuez doucement.

BELLINI

6 cl	de nectar de pêche
1,5 cl	de jus de citron
	Champagne frais

Versez les jus dans une flûte à champagne. Mélangez puis remplissez la flûte de champagne. Remuez doucement.

CHAMPAGNE MENTHE

5 mm	de crème de menthe verte
	Champagne frais

Versez la crème de menthe dans la flûte. Ajoutez le champagne et remuez doucement.

CHAMPAGNE CHARISMA

6 cl	de champagne
3 cl	de vodka
1,5 cl	d'eau-de-vie de pêche
3 cl	de jus d'airelles
1 ou 2	cuillerées de sorbet framboise

Placez tous les ingrédients à l'exception du champagne dans un shaker. Agitez puis verser le mélange obtenu dans un verre à vin, large. Ajoutez le champagne et remuez doucement.

CHAMPAGNE FIZZ OU DIAMOND FIZZ

6 cl	de gin
3 cl	de jus de citron ou 1/2 citron
1	cuillerée à café de sucre
12 cl	de champagne

Mélangez le gin, le jus de citron et le sucre dans un shaker à moitié rempli de glaçons. Secouez bien. Versez dans un verre à cocktail sur des glaçons. Ajoutez le champagne. Remuez doucement.

BUCK'S FIZZ

15 cl	de champagne frais
1,5 cl	de triple sec
3 cl	de jus d'orange
1/2	cuillerée à café de grenadine

Versez le champagne, le triple sec et le jus d'orange dans une flûte. Ajoutez la grenadine et remuez. Décorez avec une rondelle d'orange.

SCOTCH ROYALE

1,5 à 3 cl	de scotch
1	cuillerée à café de sucre en poudre
1	trait de Campari Champagne frais

Dans une flûte, faites dissoudre le sucre dans le Campari et le scotch. Remplissez la flûte de champagne et remuez doucement.

KIR ROYALE

3 cl	de crème de cassis (ou de framboise) Champagne frais

Versez la crème de fruit et le champagne dans une flûte. Remuez doucement.

Laver les verres

Pour avoir des verres irréprochables, il existe plusieurs méthodes de lavage.

Par « irréprochable » nous entendons sans poussière, sans odeur, sans trace (visible ou invisible) provenant de boissons bues antérieurement et enfin sans résidu de produit vaisselle).

Si vous optez pour un lavage de vos verres en machine, vous devez ensuite les laver à l'eau chaude pour en ôter tous les résidus de lessive que vous ne voyez ou sentez peut-être pas.

Si vous optez directement pour un lavage à la main avec un liquide vaisselle, vous devez ensuite procéder à la même opération. Mais lorsque vous lavez les verres à la main, vous pouvez choisir la quantité de liquide à utiliser (le moins possible de préférence).

La troisième méthode consiste à ne pas utiliser de liquide vaisselle ou de poudre à laver du tout. Vous pouvez très bien laver les verres uniquement avec de l'eau chaude, des doigts propres et, éventuellement, une éponge sans savon. C'est la méthode que nous utilisons.

Si vous n'avez pas beaucoup de verres, ou simplement par paresse ou parce que vous ne voulez pas vous soucier de ces trivialités, vous pouvez mettre d'autres boissons (eau ou jus par exemple) dans les verres à vin. Ce n'est pas un problème. Nous le faisons et nous ne sommes pas les seuls.

Un verre à pied a un petit côté élégant très appréciable et il est difficile de ne pas céder à la facilité lorsque l'on ne trouve rien d'autre sur le moment !

LES TACHES DE VIN

Ce n'est pas un sujet qui porte à rire, surtout lorsqu'il s'agit d'une moquette ou d'un vêtement de qualité. Il n'y a pas de solutions radicales, mais sachez que les taches de vin rouge sont plus difficiles à enlever que celles de vin blanc.

La meilleure solution consiste à utiliser du sel et de l'eau. Nous avons essayé avec de l'eau chaude et de l'eau froide et avons obtenu des résultats positifs. Si vous pouvez ôter immédiatement votre vêtement taché, faites-le tremper sans attendre. Même si l'étiquette indique « Nettoyage à sec uniquement », vous pouvez risquer de le mettre dans de l'eau froide et du sel, beaucoup de tissus n'étant pas aussi délicats que l'on veut bien nous le faire croire. Attention, certains tissus sont vraiment très délicats, à vous de juger ! Nous conseillons de mettre deux cuillerées à soupe de sel dans 30 cl d'eau (moins de sel si le tissu est délicat).

Pour le coton, placez la tache imbibée de sel à 30 cm environ d'un robinet d'eau chaude et vous obtiendrez de bons résultats, même le lendemain.

Vous pouvez pareillement appliquer de l'eau et du sel sur une moquette ou un tapis, même de grande qualité. Par mesure de sécurité, lavez la tache à l'eau froide en n'utilisant qu'une faible quantité de sel.

Il semblerait que du vin blanc versé sur une tache de vin rouge aurait un effet neu-

tralisateur sur les éléments colorants du vin rouge. Essayez si le cœur vous en dit, mais nous ne garantissons pas cette solution !

Des bouteilles de toutes formes

Si les Français n'ont ni inventé ni perfectionné le vin, ils ont en revanche réglementé la forme des bouteilles et leur contenance.

La forme des bouteilles varie selon la région. La bouteille bordelaise est reconnaissable à ses épaules arrondies et pleines qui servent à retenir le dépôt, souvent abondant. À l'inverse, la bourguignonne (qu'elle contienne du rouge ou du blanc) a les épaules tombantes, car ses vins ont

généralement peu de dépôt. Les bouteilles de vin de Loire ont une forme similaire aux bourguignonnes. Contrairement à ce que l'on pourrait penser, il n'est pas interdit de vendre du bourgogne dans une bouteille bordelaise et vice versa.

Les vins d'Alsace, majoritairement blancs, sont vendus dans une bouteille élancée, appelée flûte alsacienne, très proche de la bouteille de l'Allemagne

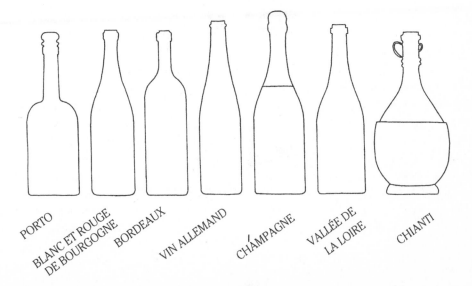

PORTO   BLANC ET ROUGE DE BOURGOGNE   BORDEAUX   VIN ALLEMAND   CHAMPAGNE   VALLÉE DE LA LOIRE   CHIANTI

voisine. Cette forme est, en revanche, obligatoire pour les vins d'Alsace.

L'Allemagne a une longue tradition vinicole avec deux grandes régions viticoles situées le long du Rhin et de la Moselle. Toutes deux élaborent leurs vins les plus fins à partir du riesling. Pour distinguer ces deux contrées concurrentes, les bouteilles de Moselle sont de couleur verte, tandis que celles du Rhin sont marron.

Les bouteilles de champagne doivent supporter une pression de 6 kg. Le verre utilisé doit donc être plus épais et résistant que pour une bouteille de vin standard et le goulot terminé par une bague sous laquelle s'arrime le muselet. Hormis ces différences, la bouteille de champagne standard a une forme très proche de la bouteille de bourgogne. Les bouteilles utilisées pour les têtes de cuvées, c'est-à-dire les cuvées issues du premier tri, qui comportent donc les meilleurs grains, ont une forme généralement différente. La bouteille assez trapue du Dom Pérignon et d'autres champagnes supérieurs, nettement plus chers, a des racines historiques en Champagne. Il est probable que le long goulot fin de ces bouteilles facilitait le dégorgement manuel à la volée du dépôt, une opération qui demandait une très grande dextérité.

Aujourd'hui, ce procédé n'est plus employé que pour les champagnes supérieurs très chers. Pour les autres champagnes, le dégorgement se fait dans la saumure à la glace, une méthode qui présente l'avantage d'être entièrement mécanisée. Le type de bouteille autrefois réservé aux têtes de cuvées est de plus en plus utilisé pour les vins effervescents bon marché.

Les bouteilles françaises sont imitées dans le monde entier. La Californie présente par exemple les cépages bourguignons – chardonnay, pinot noir et gamay – dans des bouteilles de bourgogne. Il en va de même pour les bouteilles de bordeaux. En Californie, les cépages bordelais – merlot et cabernet-sauvignon pour le rouge ; sauvignon blanc et sémillon pour le blanc – sont, comme en France, proposés dans des bouteilles de forme bordelaise.

Si les producteurs californiens se réfèrent constamment à la forme des bouteilles régionales françaises, l'Italie et l'Espagne utilisent la forme bordelaise et la forme bourguignonne sans distinction apparente. Même si les vins de la Rioja sont généralement présentés dans une bordelaise, clin d'œil possible à leurs mentors français, on les trouve aussi dans des bouteilles de bourgogne. Le chianti, le plus beau fleuron de Toscane, possède une double personnalité : les meilleurs vins sont vendus dans des bouteilles de bordeaux, tandis que beaucoup de versions peu onéreuses sont présentées dans des bouteilles dont la partie centrale est entourée de paille. Celles-ci sont pourtant de plus en plus difficiles à trouver, car les normes de qualité des vins de Toscane ne cessent de croître. Le barolo et le barbaresco, les deux piliers du Piémont, sont vendus indifféremment dans des bouteilles de bourgogne ou de bordeaux.

Tout comme il existe des vins hors du commun, on trouve des bouteilles aux formes si différentes qu'elles valent la peine d'être mentionnées. Le pescovino, un vin italien, est vendu dans une bouteille en forme de poisson – moyen idéal pour suggérer de le marier avec un plat de la mer !

Aux États-Unis, les gros efforts de marketing ont permis l'émergence de nouvelles tendances. Les rieslings sont désormais vendus dans des bouteilles bleu éclatant très facilement repérables sur les rayons. Kendall-Jackson a mis au point une variante de la bouteille bourguignonne avec un goulot incliné plus « sexy ». Contrairement à la version française, il semblerait que personne n'ait vraiment songé au centre de gravité de cette nouvelle forme ! Les cavistes et les marchands de vin s'arrachent les cheveux pour ranger ces bouteilles aux formes excentriques dans des casiers standard non conçus pour les accueillir. Face au développement de cette nouvelle forme, il faut s'attendre à une recrudescence de bouteilles cassées ! Encore plus stupide : le collier apparaissant à l'extrémité de plus en plus de bouteilles. Cette saillie, conçue théoriquement pour empêcher la bouteille de goutter, ne résout en rien le problème et rend les bouteilles beaucoup plus difficiles à ouvrir avec les tire-bouchons normaux !

Conclusion

QUE FAIRE QUAND VOUS AVEZ TROP BU ?

Vous mangez à l'extérieur et le sommelier ne cesse de remplir votre verre dès qu'il se vide… À une réception, votre hôte insiste pour vous resservir… encore une fois. Qui compte les verres ? Votre estomac, votre tête et votre sang qui transporte l'alcool au reste de votre corps. Ils tirent la sonnette d'alarme, mais vous ne l'entendez pas, enfin, pas avant le lendemain matin.

Trop d'alcool provoque ce que l'on appelle communément la gueule de bois, sans que l'on sache vraiment pourquoi. Nous ne sommes pas tous égaux devant cet état fort désagréable. Le sexe, l'âge, le poids mais aussi les circonstances influent sur la quantité d'alcool tolérée par l'organisme. Selon l'une des théories prévalantes, le coupable serait la déshydratation, car le traitement de l'alcool par l'organisme demande beaucoup d'eau. Selon une autre théorie, la gueule de bois serait un épisode mineur de manque face à une substance qui engendre une dépendance. Mais une soif intangible, un estomac nauséeux, une tête qui tambourine et un sentiment d'anxiété sont-ils des symptômes mineurs ? Tout dépend si vous pouvez vous enrouler dans votre couverture et vous rendormir. Un petit somme est certainement un bon remède, si tant est qu'il y en ait un !

S'il vous faut impérativement rester éveillé, vous allez vite vous rendre compte qu'il n'existe pas vraiment de remède mais seulement quelques petits trucs. Boire beaucoup (d'eau évidemment !), de préférence avant même d'aller se coucher, est très conseillé. Pour soulager le mal de tête, prenez un analgésique, sans aspirine pour ménager votre estomac.

UNE ATTITUDE RESPONSABLE DEVANT L'ALCOOL : BOIRE PLUS NE REND JAMAIS LE VIN MEILLEUR !

Rien ne remplace l'étreinte désaltérante d'un petit blanc bien frais par une belle journée ensoleillée ou la douceur d'un verre de porto après dîner. Certes, bu avec des amis ou en amoureux dans des endroits inoubliables, l'alcool fait partie des moments agréables de la vie.

Mais il ne faut jamais oublier que l'alcool peut entraîner une dépendance et il est dangereux de prendre cet aspect du problème à la légère. L'alcool altère le cerveau, le corps, le jugement, la perception et la coordination. La quantité d'alcool nécessaire à ces modifications varie selon les personnes en fonction de plusieurs paramètres dont la taille, le poids, le métabolisme et l'âge.

Sur la route, l'alcool ne tue pas seulement les irresponsables qui ont pris le volant avec un taux d'alcoolémie supérieur à 0,5 g. Il tue aussi des innocents qui se trouvaient malencontreusement sur leur chemin.

Alcool et responsabilité ne sont pas antinomiques. La modération est le secret de tous les plaisirs. Il est de notre responsabilité en tant qu'hôte, ami et même citoyen d'empêcher quiconque de prendre le volant dans un état d'ébriété.

Boire avec modération ne veut pas dire s'amuser moins, au contraire cela signifie savourer les boissons que nous consommons.

Nous levons notre verre à toutes ces occasions solennelles ou joyeuses, aux jeunes mariés, au travail bien fait et au pur plaisir de boire un bon verre.

CHAPITRE 10

LES ROUTES DU VIN ET LES FÊTES VITICOLES

MIS EN BOUTEILLE PAR FIRST

PRODUCE OF FRANCE

12 % vol.

Les routes d'Alsace

La route des vins à travers les collines du vignoble vous fait découvrir un paysage extra-ordinaire. La gastronomie alsacienne est exceptionnelle et s'accommode parfaitement aux grands crus d'Alsace. L'accueil des vignerons à la propriété est hors du commun.

Vous traverserez des petits villages pittoresques à l'architecture surprenante. Même si vous n'arrivez pas à prononcer le nom des communes sans les écorcher, profitez des nombreuses festivités qui ont lieu du mois d'avril jusqu'au moment des vendanges.

LES FÊTES RÉGIONALES

Avril :   Fête du vin à Ammershwihr
Mai :   Fête du vin à Molsheim
Juin :   Fête du vin à Wettelsheim
Juillet : Fête du vin de Barr
          Fête du vin à Mittelbergheim
          Fête du vin à Ribeauvillé
Août :   Foire régionale des vins
          d'Alsace à Colmar
          Foire aux vins à d'Obernai

LES TÉLÉPHONES UTILES

Maison du vin d'Alsace à Colmar
Tél. : 03.89.20.16.20.

Office du tourisme de Strasbourg
Tél. : 03.88.52.28.28.

LES ÉCOLES DE DÉGUSTATION

École hôtelière de Strasbourg
Tél. : 03.88.65.30.30.

C.F.P.P.A. du Haut-Rhin à Rouffach
Tél. : 03.89.49.75.19.

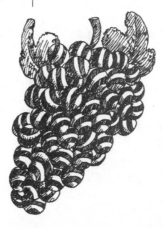

Les routes du Bordelais

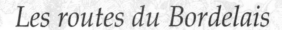

La visite des grands châteaux bordelais est très périlleuse. Il vous suffit donc de les admirer de l'extérieur. Arrivé à Bordeaux, prenez la départementale D 2. Il faut impérativement faire une halte à Saint-Émilion. Quelques châteaux organisent des visites guidées de leur chais et du domaine.

La Saint Vincent est célébrée dans la plupart des villages viticoles, on fête aussi le début et la fin des vendanges.

LES TÉLÉPHONES UTILES

Office du tourisme de Bordeaux
Tél. : 05.56.00.66.00.

Conseil interprofessionnel des vins de Bordeaux
Tél. : 05.56.00.22.66

Office du tourisme de Saint-Émilion
Tél. : 05.57.55.28.28.

Conseil des vins du Médoc
Tél. : 05.56.48.18.62.

Office du tourisme de Libourne
Tél. : 05.57.51.15.04.

LES ÉCOLES DE DÉGUSTATION

Faculté d'œnologie à Talence
Tél. : 05.56.84.64.58

École de dégustation de la Maison des vins de Saint-Émilion
Tél. : 05.57.74.42.42.

Les routes de Bourgogne

La Bourgogne, c'est tout d'abord la rencontre avec les vignerons. 200 km de routes à travers les vignes à perte de vue. On y trouve l'art de vivre à la française. Sa gastronomie, ses vins superbes, ses paysages séduisent tous les visiteurs du monde entier.

LES FÊTES RÉGIONALES

22 Janvier : Saint Vincent
Mi-novembre : Les Bourguignons organisent trois jours de festivités connus sous le nom des Trois Glorieuses
Novembre : Fête des vins de Chablis
Mai : Foire de Mâcon

LES TÉLÉPHONES UTILES

Office du tourisme de Dijon
Tél. : 03.80.44.11.44.

Bureau interprofessionnel des vins de Bourgogne à Beaune
Tél. : 03.80.25.04.80.

Office du tourisme d'Auxerre
Tél. : 03.86.52.06.19.

Union interprofessionnelle des vins du Beaujolais à Villefranche-sur-Saône
Tél. : 04.74.02.22.10.

Office du tourisme de Beaune
Tél. : 03.80.26.21.30.

LES ÉCOLES DE DÉGUSTATION

École du vin à Beaune
Tél. : 03.80.24.70.20.

Maison des vins de Bourgogne à Chablis
Tél. : 03.85.38.20.15.

Les routes de Champagne

La traversée de ce vignoble est un passage obligé pour l'apprentissage du vin. Les paysages sont magnifiques, le charme des villages fleuris, comme Chigny-les-Roses, ne vous laissera pas insensible.

Vous pouvez aussi en profiter pour visiter la cathédrale de Reims et la basilique St Rémy. À Épernay, des visites de caves sont organisées chez Moët et Chandon.

À Reims, vous pouvez visiter aussi des maisons de champagne telles que : Pommery, Taittinger, Veuve Clicquot Ponsardin ou Ruinart.

Si l'occasion se présente, n'hésitez pas à vous arrêter chez un petit récoltant, la visite n'en sera que plus conviviale.

LES FÊTES RÉGIONALES

22 janvier : Saint Vincent

25 janvier : Saint Paul
Juin : Foire de Champagne à Troyes
Septembre : Foire aux vins de Champagne à Bar-sur-Aube (2e dimanche)

LES TÉLÉPHONES UTILES

Office du tourisme de Reims
Tél. : 03.26.77.45.25.

Comité interprofessionnel du vin de Champagne à Épernay
Tél. : 03.26.51.19.30.

Office du tourisme d'Épernay
Tél. : 03.26.53.33.00.

ÉCOLE DE DÉGUSTATION

Institut du vin de Champagne à Reims
Tél. : 03.26.50.62.50.

Les routes de Corse

La Corse est souvent une destination de vacances, mais le vignoble est bien présent sur l'île de Beauté.

Les vins sont généralement très typés. Nos habitudes sont alors bouleversées lors de la dégustation de ces vins aux multiples arômes.

TÉLÉPHONE UTILE

Office régional du tourisme corse à Ajaccio
Tél. : 04.95.51.53.03

Les routes du Jura

Sur les routes du Jura, de nombreux caveaux de dégustation sont ouverts au public. Les vins du Jura sont méconnus du grand public.

Les vignerons viennent vers vous pour vous expliquer leurs vins et vous les faire apprécier.

LES FÊTES RÉGIONALES

Janvier : Saint Vincent à Arlay
   (1er dimanche)
Avril : Saint Vernier à Château-Chalon
   (3e dimanche)
Juillet : Fête des vins à Arbois
Août : Fête du cépage Trousseau à
   Montigny-les-Arsures (dernier
   dimanche)

Septembre : Fête du Biou d'Arbois
   (1er dimanche), procession avec
   une immense grappe de 100 kg de
   raisins blancs inspirée de l'épisode
   biblique de la grappe de Canaan.

LES TÉLÉPHONES UTILES

Office du tourisme d'Arbois
Tél. : 03.84.66.55.50.

Comité interprofessionnel des vins du Jura à Lons-le-Saunier
Tél. : 03.84.66.26.14.

ÉCOLE DE DÉGUSTATION

Apprentissage de la dégustation André Jeunet à Arbois
Tél. : 03.84.66.07.50.

Les routes du Languedoc-Roussillon

C'est une région gigantesque, le terroir est exceptionnel, du soleil plus qu'il n'en faut. Quand les cépages sont plantés sur un sol qui leur convient, le vin se déguste avec plaisir.

La visite de la région de Corbières et du Minervois est un passage obligé. Vous pouvez aussi déguster les meilleurs vins doux naturels de France.

LES FÊTES RÉGIONALES

Juillet : Foire aux vins à Cap d'Agde
Août : Fête du vin à Estagell
   Fête du vin à Narbonne

LES TÉLÉPHONES UTILES

Syndicat des Minervois à Olonzac
Tél. : 04.68.27.80.02.

Comité interprofessionnel des vins doux naturels à Perpignan
Tél. : 04.68.34.42.32.

ÉCOLES DE DÉGUSTATION

Maison des terroirs de Corbières à Lézignan
Tél. : 04.68.27.04.34.

Université des vins de Roussillon à Tresserre
Tél. : 04.68.38.83.79.

Les routes de Provence

La Provence est une région touristique, c'est vrai. Elle bénéficie d'un climat exceptionnel.

Quittez donc la nationale 7, pour vous aventurer dans l'arrière-pays, c'est magnifique.

LES FÊTES RÉGIONALES

Mi-avril : Fête des vins du Var et de Provence à Brignoles
19 mai : Fête des vignerons à Antibes
Juin : Fête des vins à Saint-Raphaël
Août : Fête de la vigne à Nice
(1er dimanche)
Fête du vin et de la vigne à Sainte-Maxime (4e week-end)
Septembre : Fête de la vigne à Nice
Fête des vendanges à Saint-Tropez
Décembre : Fête des vins à Bandol

LES TÉLÉPHONES UTILES

Office du tourisme à Aix-en-Provence
Tél. : 04.42.16.11.61.

Syndicat des coteaux d'Aix-en-Provence
Tél. : 04.42.23.57.14.

Office du tourisme à Marseille
Tél. : 04.91.54.91.11.

Syndicat des vins des coteaux Varois à Brignoles
Tél. : 04.94.69.33.18.

Office du tourisme à Salon-de-Provence
Tél. : 04.90.56.27.60

Syndicat des producteurs du Bandol
Tél. : 04.94.90.00.89.

Comité interprofessionnel des vins de côtes-de-provence aux Arcs-sur-Argens
Tél. : 04.94.99.50.10.

Les routes de Savoie

La Savoie est une destination idéale pour les sports d'hiver, mais le vignoble savoyard situé entre le lac Léman et Grenoble est méconnu du grand public.

Les vignerons vendent leur production sur place ou bien à quelques restaurants.

LES TÉLÉPHONES UTILES

Office du tourisme de Chambéry
Tél. : 04.79.33.42.47.

Comité interprofessionnel des vins de Savoie à Chambéry
Tél. : 04.79.33.44.16.

Office du tourisme d'Annecy
Tél. : 04.50.45.00.33.

Les routes du Sud-Ouest

Le vignoble du Sud-Ouest est très éparpillé, des Pyrénées en passant par le Périgord, les étapes ne manquent pas.

Bergerac, jurançon, cahors, monbazillac, madiran, tellement de vins extra-ordinaires à redécouvrir dans cette région qui propose une palette de goûts bien différents.

LES FÊTES RÉGIONALES

Mi-juillet : Fête des vins de Lisle-sur-Tarn
Août : Cocagne des vins de Gaillac (1er week-end)

TÉLÉPHONE UTILE

Association pour la promotion des vins du Sud-Ouest à Castanet-Tolosan
Tél. : 05.61.73.06.11.

LES ÉCOLES DE DÉGUSTATION

Maison des vins du Valentré à Cahors
Tél. : 05.65.22.12.22.

Centre technique du vin à Gaillac
Tél. : 05.63.57.24.55.

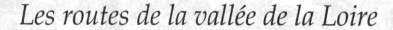

Les routes de la vallée de la Loire

Les routes des vins sont nombreuses, tant le vignoble est étendu. Cinq régions viticoles suivent le cours de la Loire, le plus long fleuve de France, le pays Nantais, l'Anjou et le Saumurois, la Touraine et le Centre.

La visite des châteaux de la Loire s'impose entre les dégustations successives que vous pouvez effectuer au fil de l'eau.

LES TÉLÉPHONES UTILES

Office du tourisme de Nantes
Tél. : 02.40.20.60.00.

Comité interprofessionnel des vins de Nantes à la Haie-Fouassière
Tél. : 02.40.36.90.10.

Office du Tourisme d'Angers
Tél. : 02.41.23.51.11.

Comité interprofessionnel des vins de Touraine à Tours
Tél. : 02.47.05.40.01.

Conseil interprofessionnel des vins d'Anjou et de Saumur à Angers
Tél. : 02.41.87.62.57.

LES ÉCOLES DE DÉGUSTATION

Institut du goût des vins à Nantes
Tél. : 02.40.52.05.82.

Greta du val de Loire à Tours
Tél. : 02.47.77.25.25.

Les routes de la vallée du Rhône

De Vienne en Avignon, la route est pleine de surprises le long du Rhône.

Beaucoup de petits villages méritent le détour entre Vaison-la-Romaine et Carpentras. Un conseil, visitez Gordes et ses alentours, c'est le paradis sur terre.

La vallée est superbe et le vignoble respire la garrigue.

LES FÊTES RÉGIONALES

14 juillet : Fête des côtes-du-rhône-villages à Vacqueras
Août : Fête de la lavande à Valréas (1er week-end)
Mi-août : Fête du vin à Rasteau

Novembre : Fête du vin primeur à Vaison-la-Romaine
14 novembre : Baptême des côtes-du-rhône en Avignon

TÉLÉPHONE UTILE

Comité interprofessionnel des vins en Avignon
Tél. : 04.90.27.24.00.

ÉCOLE DE DÉGUSTATION

Université du vin de Suze-la-Rousse
Tél. : 04.75.04.86.09.

L'achat à la propriété

L'achat à la propriété est souvent intéressant financièrement, de plus vous avez la possibilité de déguster les vins.

Se rendre sur place, visiter le domaine ou le château sont des atouts importants et émotionnels, quand vous dégusterez les vins que vous avez achetés pendant vos périples dans les différents vignobles.

La dégustation proposée par le vigneron est toujours très intéressante.

Il vous explique la naissance de son vin, de l'élevage jusqu'à votre verre. Il n'y a pas de meilleure école du vin, ni de moment plus sympathique et convivial que la dégustation sur place.

N'hésitez pas à poser des questions, même si le vocabulaire vous manque pendant la dégustation. Le vigneron est une personne qui est généralement passionnée, il se mettra à votre niveau.

GLOSSAIRE

MIS EN BOUTEILLE PAR FIRST

PRODUCE OF FRANCE

12 % vol.

A

AVA Abréviation de Approved American Viticultural Area. Système d'appellation en vigueur aux États-Unis qui s'apparente aux appellations d'origine européennes.

A.C./A.O.C. Abréviation d'Appellation d'origine contrôlée. Cette qualification accordée aux vins français garantit certaines conditions relatives à l'aire de production, aux cépages et à la vinification. L'appellation contrôlée (A.C.) est accordée aux vins supérieurs tandis que la catégorie des V.D.Q.S. (Vins délimités de qualité supérieure) sont des vins de qualité légèrement inférieure à l'A.O.C.. La dernière catégorie est celle des vins de pays.

ACERBE Se dit d'un vin donnant une impression de verdure à cause de son acidité trop importante.

ACESCENCE Se dit d'un vin malade procurant une sensation d'aigreur, de vinaigre.

ACÉTIQUE Se dit d'un vin qui présente une odeur ou un goût de vinaigre lorsqu'il est mis en contact avec l'air.

ACIDE C'est l'une des quatre saveurs de base du vin. Un vin acide est aussi dit aigre. Les bourgeons du goût détectant l'acidité sont situés sur les côtés de la langue.

ACIDE TARTRIQUE Le plus important acide du vin présent naturellement dans le raisin.

ACIDITÉ Tous les vins comportent des acides qui doivent s'équilibrer avec les autres composants. L'acidité est essentielle au vieillissement du vin. En quantité suffisante, elle apporte fraîcheur et gaieté et fait du vin une boisson désaltérante.

ÂCRETÉ Sensation d'amertume provoquant une crispation des tissus de la cavité buccale

ADHÉRENCE L'une des fonctions des tanins. Le goût légèrement amer et sec des tanins donne aux autres arômes une « adhérence » en bouche. Les vins jeunes trop tanniques peuvent présenter une trop forte adhérence.

AÉRATION Procédé qui permet de laisser le vin respirer. À l'ouverture de la bouteille, le vin est oxygéné, ce qui a pour effet de multiplier et libérer ses arômes. L'aération est surtout importante pour les vins rouges.

AGRESSIF Se dit d'un vin possédant une trop grande agressivité.

AGRUME Arôme de citron, d'orange, de mandarine ou de pamplemousse.

AIMABLE Se dit d'un vin agréable, souple et pas trop marqué.

ALCOOLEUX Se dit d'un vin déséquilibré par un excès d'alcool.

ALSACE Grande région de vin blanc de France.

AMAIGRI Se dit d'un vin déséquilibré, sur le déclin.

AMBRÉ Teinte évoluée du vin.

AMONTILLADO Type de xérès relativement sec à la robe couleur ambre.

AMPLE Se dit d'un vin généreux qui emplit la bouche.

ANÉMIQUE Se dit d'un vin diminué, affaibli, rachitique, sans corps ni couleur.

APÉRITIF Boisson prise avant un repas qui a – en théorie – pour objectif de stimuler l'appétit et de délier les langues.

ÂPRETÉ Sensation de rugosité due à la présence de tanins immatures.

ARÔME Odeur du vin perçue par le nez ou la bouche. Les arômes ont l'extraordinaire pouvoir de déclencher une avalanche de qualificatifs chez tous les professionnels du vin.

ARRIÈRE-GOÛT Sensation gustative et olfactive qui persiste au fond de la gorge, une fois le vin avalé.

ASTI SPUMANTE Vin effervescent doux et bon marché d'Italie.

ASTRINGENCE Sensation qui provoque la contraction des muqueuses buccales. L'astringence est liée à une acidité et des tanins très forts. Elle a tendance à diminuer au fur et à mesure que le vin vieilli.

ATTAQUE Première impression d'un vin sur le palais.

AUSLESE Vins blancs allemands issus de grains surmûris. Ces vins sont plutôt doux.

AUSTÈRE Terme de dégustation désignant un vin dur, souvent très jeune, qui n'a pas encore eu le temps de s'assouplir.

B

BACO NOIR Cépage hybride français résultant du croisement d'une variété européenne, la folle blanche, avec une variété originaire des États-Unis, Vitis riparia. Répandu au Canada, le baco noir est un cépage très résistant, capable de supporter des températures très basses en hiver.

BALSAMIQUE Vin issu de la famille aromatique qui regroupe les arômes rappelant les résines de pin, du cèdre, du cyprès ou les parfums précieux du santal ou de l'encens.

BARBARESCO Vin rouge corsé du Piémont (Italie) issu du nebbiolo. Ce type de vin peut être tout simplement sublime. Le barolo et le barbaresco sont les deux meilleurs vins piémontais issus de ce cépage.

BARBERA Cépage noir de la région du Piémont. Les vins qu'il produit se marient très bien avec les pizzas.

BEAUJOLAIS Rouge léger et fruité de la région du même nom, issu du gamay.

BEAUJOLAIS NOUVEAU Vin dont on fête traditionnellement l'arrivée le troisième jeudi de novembre.

BEURRE Se dit d'un vin dont l'odeur rappelle celle du beurre. Ce terme est le plus souvent associé aux vins blancs vieillis dans le chêne. Nombre de chardonnays et de bourgognes blancs sont connus pour leur arôme de beurre. Le goût de beurre est souvent dû à la fermentation malolactique. Transformation des acides maliques en acides lactiques.

BOISÉ Goût de bois apporté au vin dans les fûts. Le boisé apporte des arômes et des tanins au vin et contribue à sa complexité. Trop de boisé peut cependant être nuisible.

BORDEAUX Grande région viticole de France, si ce n'est du monde. Les bordeaux rouges sont souvent des assemblages de cabernet-sauvignon, de cabernet-franc et de merlot. Les blancs sont des assemblages de sauvignon blanc et de sémillon.

BOTRYTIS CINEREA Pourriture engendrée par un champignon et qui affecte principalement les cépages blancs. Également appelé " pourriture noble ", il permet l'élaboration de vins blancs liquoreux. Les grains pourris perdent une bonne partie de leur eau, ce qui contribue à leur concentration en sucre et en jus.

BOUCHE Terme générique qui désigne l'ensemble des sensations que l'on perçoit en bouche (bouche ample, longue, fraîche, agréable…)

BOUCHON 1. Pièce cylindrique en liège servant à fermer hermétiquement une bouteille. 2. (goût de) Goût ou odeur désagréable donné au vin par un bouchon dégradé ou en mauvais état. On dit que le vin est bouchonné.

BOUILLIE BORDELAISE Mélange de sulfate de cuivre et de chaux éteinte servant à traiter la vigne (contre le mildiou notamment)

BOUQUET Ensemble des arômes qui se sont développés dans le vin. On parle aussi de " nez ".

BOURGOGNE Importante région viticole française. Elle est aussi célèbre pour sa gastronomie.

BRILLANT Désigne un vin à l'aspect éclatant qui montre des reflets lumineux comme ceux d'un diamant.

BRUT Désigne un vin effervescent qui ne contient pas ou très peu de liqueur de dosage. En Champagne, ce terme désigne un vin dont la teneur en sucre résiduel est inférieure à 1,5 % vol.

C

CABERNET-FRANC Cépage noir utilisé essentiellement dans les assemblages. Très répandu en France, il est souvent associé au cabernet-sauvignon. Le château-cheval-blanc, considéré par beaucoup comme l'un des vins les plus fins de la région de Saint-Émilion, est un assemblage de 66 % de cabernet-franc et de 34 % de merlot.

CABERNET-SAUVIGNON Le plus noble des cépages rouges dont on fait des vins puissants, grands et complexes. Certains atteignent des prix très élevés.

CAPITEUX Se dit d'un vin aromatique, puissant et alcoolique.

CARACTÈRE Ensemble des caractéristiques permettant de distinguer un vin d'un autre. Un vin qui a du caractère affirme ses particularités et sa personnalité. Les grands vins ont du caractère, les vins ordinaires en sont dépourvus.

CARAMEL Arôme ou goût de sucre caramélisé souvent accompagné d'une note de brûlé.

CAUDALIE Unité de mesure correspondant à 1 seconde pour calculer la persistance du vin en bouche.

CAVA Vin effervescent espagnol élaboré selon la méthode traditionnelle qui subit une seconde fermentation en bouteilles.

CHABLIS Vin blanc de la région du même nom issu du chardonnay.

CHAIR Se dit d'un vin qui donne une impression de rondeur, de plénitude et de gras. La chair est ce qui habille la charpente ou le squelette d'un vin.

CHALEUREUX Se dit d'un vin remarquable pour sa richesse alcoolique, sans être capiteux.

CHAPTALISATION Addition de sucre au moût afin d'atteindre le bon taux d'alcool. Les raisins blancs mûrissant sous des climats très froids ont parfois du mal à

arriver à maturité et manquent par conséquent de sucre, indispensable à la fermentation alcoolique.

CHARDONNAY Le plus répandu des cépages blancs, c'est aussi le plus important en Bourgogne.

CHARNU Désigne un vin qui a de la chair et des arômes de fruits mûrs. Les vins charnus sont épais sur le palais.

CHARPENTE ou **STRUCTURE** Terme faisant référence à la constitution d'un vin. La charpente se compose des tanins et de l'acidité du vin. Ces éléments de base doivent être solides pour pouvoir supporter les autres composants.

CHARPENTÉ Vin équilibré, à la constitution solide.

CHÂTEAU Terme utilisé dans le Bordelais pour désigner un domaine producteur de vin ainsi que les vins qu'il produits.

CHÂTEAUNEUF-DU-PAPE Nom qui trouve son origine dans le rôle qu'a joué la ville d'Avignon au XIVᵉ siècle, lorsque la papauté trouva refuge dans le « château neuf » de la commune voisine à la suite d'un schisme. Cette commune du Vaucluse possède des vignobles réputés. Ses vins de qualité peuvent être issus de treize cépages différents dont les deux principaux sont la syrah et le grenache.

CHÊNE Odeur et arôme perceptibles dans les vins vieillis longtemps en fûts de chêne. Le chêne est omniprésent dans l'élaboration du vin. Certains vinificateurs en ajoutent parfois à la cuve, sous forme de copeaux, pour donner un goût vanillé au vin.

CHIANTI Vin rouge de la région de Toscane (Italie) très connu, issu essentiellement du sangiovese.

CINSAULT Cépage rouge secondaire souvent présent dans les assemblages de la région du Rhône.

COMPLEXE Désigne un vin montrant un grand nombre d'arômes et de saveurs. La complexité est une qualité.

CONCENTRÉ Se dit d'un vin aux arômes multiples, très puissants.

CONSISTANT Se dit d'un vin qui a de la matière, de la mâche.

CORPS (Avoir du) Se dit d'un vin complet et dense qui a de la charpente et de la chair.

CORSÉ Se dit d'un vin puissant, bien structuré, et fort en alcool.

COULANT Se dit d'un vin facile à boire.

COUPAGE Mélange de vins différents en vue d'en améliorer les qualités.

COURT Désigne un vin dont les arômes persistent peu en bouche.

CRISTALLIN Se dit d'un vin parfaitement brillant et transparent comme du cristal.

CRU Terme très couramment employé qui peut désigner un vignoble, un terroir ou une région de production. Les crus classés font l'objet d'un classement officiel.

CUIT (Goût de) Impression de confit. Les goûts de cuit peuvent provenir de raisins surmûris, provenant de régions extrêmement chaudes.

D

DÉCANTATION Opération qui consiste à transvaser un vin en bouteille dans une carafe ou tout autre récipient. La décantation a pour objectif de faire respirer le vin, mais c'est aussi le meilleur moyen de le débarrasser de son dépôt.

DÉCEVANT Se dit d'un vin qui ne tient pas ses promesses.

DÉCHARNÉ Se dit d'un vin squelettique, sans chair, sans volume en bouche.

DÉCRÉPIT Se dit d'un vin sur le déclin.

DÉGORGEAGE ou **DÉGORGEMENT** Opération permettant d'expulser les dépôts présents dans les vins effervescents après la seconde fermentation en bouteilles.

DÉLICAT Terme qualifiant un vin fin aux arômes subtils. Élégants, ces vins peu puissants ne s'accommodent pas de plats trop forts en goût.

DEMI-SEC Terme désignant un vin effervescent contenant entre 33 et 50 g/l de sucre résiduel. Ce terme s'emploie aussi pour les vins tranquilles contenant entre 4 et 12 g/l de sucre.

DÉPÔT Matière solide tombée au fond de la bouteille.

DÉPOUILLÉ Se dit d'un vin qui a perdu sa couleur, sa vigueur, son goût.

DÉVELOPPÉ Terme désignant un vin qui a connu une évolution bénéfique au cours de son vieillissement. Un vin peut aussi se développer après ouverture de la bouteille.

DISTINGUÉ Désigne un vin élégant, fin et racé, qualités qui en font un vin à part.

DOCG/DOC Abréviations de *Denominazione di origine controllata e garantita et Denominazione di origine controllata.* La DOCG représente la catégorie des vins de qualité supérieure, tandis que la DOC est l'équivalent français de l'appellation d'origine contrôlée. Ensuite viennent les Vdt (vino da tavola).

DOMAINE Exploitation viticole. Le terme de domaine peut être utilisé pour tous types de vin – même si le terme de « château » se rencontre plus fréquemment dans le Bordelais.

DOUCEUR Qualité que l'on trouve chez les vins qui contiennent une certaine quantité de sucre résiduel non fermenté. L'impression de douceur peut aussi témoigner d'un manque d'acidité. Dans ce cas, la douceur devient un défaut.

DOUX Qualifie les vins contenant plus de 50 g/l de sucre.

DUR Se dit d'un vin qui manque de moelleux en raison d'une acidité ou de tanins très forts. Un vin dur peut s'assouplir avec le temps.

E

EFFERVESCENT (VIN) Vin pétillant dont le dioxyde de carbone a été piégé au cours d'une seconde fermentation.

ÉLÉGANT Désigne un vin harmonieux, riche en arômes, ni trop tannique, ni trop acide, ni trop lourd. En un mot, un vin qui a de la classe.

EMPYREUMATIQUE Se dit d'un vin renfermant des odeurs de fumée, de brûlé, de torréfaction.

ÉPICÉ Se dit d'un vin qui a l'odeur des épices (clou de girofle, menthe, cannelle ou poivre). Le gewurztraminer et le zinfandel sont réputés pour leur goût épicé.

ÉQUILIBRE Harmonie entre les différents composants d'un vin : fruité, acidité, tanin et alcool.

EXPRESSIF Se dit d'un vin typique de son terroir d'origine.

EXUBÉRANCE Puissance aromatique au nez et en bouche.

F

FATIGUÉ Se dit d'un vin qui a dépassé son apogée et qui n'a plus de ressort. C'est un vin qu'il aurait fallu boire plus tôt.

FÉMININ Se dit d'un vin de charme dont la grâce et la souplesse dominent l'attaque et la charpente en bouche.

FERMÉ Désigne un vin jeune qui ne s'exprime pas encore. Si ses arômes s'affirment par la suite, on dit qu'il s'ouvre. Certains vins ne s'ouvrent jamais, même lorsqu'on les fait respirer.

FERMENTATION ALCOOLIQUE Transformation naturelle du sucre en alcool sous l'action des levures, 17 g de sucre donnent 1° d'alcool. Cette dégradation dégage de la chaleur et du dioxyde de carbone.

FERMENTATION MALOLACTIQUE Seconde fermentation de certains vins due à l'activité de bactéries qui transforment l'acide malique en acide lactique. Cette fermentation réduit l'acidité du vin.

FIN DE BOUCHE Arrière-goût, ou dernière impression, ressenti au moment où le vin quitte la bouche pour descendre dans l'estomac ou rejoindre le crachoir (si vous êtes un vrai dégustateur). Plus elle est longue, meilleur est le vin.

FINO Type de xérès sec, à la robe pâle.

FLOR Couche de moisissure qui se forme dans certaines barriques au cours de l'élaboration du xérès. La flor est un atout. Malheureusement, l'homme n'a pas encore réussi à provoquer son apparition. Dame Nature garde ses secrets !

FLORAL Terme faisant référence aux essences florales présentes dans certains vins. Le riesling est souvent qualifié de vin floral.

FLÛTE Verre spécialement conçu pour les vins effervescents. Il est allongé et très fin, forme idéale pour empêcher les bulles de disparaître trop rapidement et savourer le plaisir de les voir remonter en surface.

FRAISE Odeur qui rappelle le fruit rouge, que l'on trouve dans certains vins rouges ou rosés et dans certains portos.

FRUITÉ Désigne les arômes de fruits dominants dans un vin. La mûre est souvent présente dans les arômes des vins issus du cabernet-sauvignon et du zinfandel. La banane se rencontre davantage dans les chardonnays australiens.

FUMÉ Arôme très recherché qui caractérise certains vins de Bordeaux. On le trouve aussi dans certains sauvignons blancs.

G

GAIETÉ Impression laissée par un vin jeune, ni lourd, ni austère, ni trop acide.

GAMAY Cépage rouge, essentiellement cultivé dans le Beaujolais.

GAZÉIFIÉ (Vin) Vin effervescent de qualité inférieure dans lequel on a injecté du dioxyde de carbone. Les vins gazéifiés n'ont droit à aucune appellation. Vous trouverez sur l'étiquette la mention " vin mousseux gazéifié ".

GEWURZTRAMINER Cépage blanc cultivé en Alsace, en Allemagne et en Californie. Gewurtz signifie épicé en allemand.

GLYCÉROL Trialcool qui apparaît lors de la fermentation alcoolique. Il est responsable du moelleux et de l'onctuosité du vin. Il est désirable… jusqu'à un certain point.

GRAN RESERVA Nom donné aux vins espagnols qui ont vieilli dix ans en barriques avant leur mise en bouteilles.

GRAND CRU Désigne les meilleurs vins d'un vignoble dans la hiérarchie des A.O.C. de Bourgogne.

GRAS Désigne un vin rond, plein, corsé et peu acide.

GRENACHE Cépage rouge originaire d'Espagne (où il est appelé garnacha). Il est cultivé dans la vallée du Rhône.

GROSSIER Se dit d'un vin sans finesse, sans élégance.

H

HALBTROCKEN Terme que l'on trouve parfois sur l'étiquette des bouteilles allemandes et qui signifie " demi-sec ".

HARMONIEUX Se dit d'un vin dont tous les composants – fruité, alcool, acidité et tanin – sont parfaitement équilibrés et s'enchaînent à merveille.

HERBACÉ Vin dévoilant des arômes végétaux (menthe, sauge et eucalyptus sont les trois que l'on rencontre le plus souvent).

HONNÊTE Se dit d'un vin sans grand défaut mais simple.

J

JAMBES Également appelées pleurs, coulures ou larmes, ce sont les traces huileuses laissées par le vin sur le verre. Plus le vin est fort en alcool, en sucre et en glycérol, plus les jambes sont grandes.

JEREZ Ville d'Espagne qui a donné son nom au vin de liqueur (le xérès ou jerez) qu'elle produit.

L

LARMES Voir Jambes.

LÉGER Désigne un vin qui n'est pas très fort en alcool ou qui présente une faible densité en bouche. La légèreté est parfois recherchée, mais elle peut aussi être une faiblesse.

LEVURE (Goût de) Odeur de la levure active présente dans les vins qui, comme le champagne, ont subi une seconde fermentation.

LEVURES Organismes unicellulaires présents dans les peaux des raisins qui transforment le sucre en alcool au cours de la fermentation alcoolique. Les vinificateurs ajoutent souvent des levures en cours de fermentation.

LIMPIDE Se dit d'un vin clair sans matière en suspension ou voltigeur.

LONGUEUR Un bon vin dévoile progressivement ses arômes en bouche. Si la persistance est longue, on dit que le vin est long ou qu'il a de la longueur.

LOUCHE Se dit d'un vin dont la robe est trouble.

M

MACÉRATION CARBONIQUE
Technique de fermentation de jeunes vins rouges consistant à macérer les raisins rouges en grains entiers sous une atmosphère de dioxyde de carbone. L'oxydation est donc impossible. Après quelques jours, les grains sont foulés et le vin est alors soumis à une fermentation traditionnelle. Une technique très proche, dite semi-carbonique, est largement utilisée dans le Beaujolais.

MACÉRATION Trempage plus ou moins long des peaux de raisin dans le moût en fermentation.

MÂCHE (Avoir de la) Se dit d'un vin plein, rond et dense en bouche.

MADÈRE Île rattachée au Portugal au large des côtes africaines qui produit le vin doux du même nom. Le madère sert principalement à la cuisine, mais il peut aussi être bu.

MAGNUM Bouteille de 1,5 l, soit la contenance de deux bouteilles standard.

MAIGRE Se dit d'un vin qui n'a pas de chair, pas d'arôme et peu de couleur.

MALBEC Cépage rouge mineur, utilisé essentiellement dans les assemblages avec des cépages plus connus comme le cabernet-sauvignon.

MANZANILLA Xérès fino produit à Sanlúcar de Barrameda, en Espagne, à l'embouchure du Guadalquivir. Sa macération près de la mer lui apporte une nuance salée.

MARSALA Vin de liqueur sicilien produit dans la ville du même nom. Sec ou doux, le marsala fait partie intégrante de la cuisine italienne.

MÉDOC Région viticole du Bordelais qui englobe les communes de Saint-Julien, Saint-Estèphe, Margaux et Pauillac.

MENTHE Arôme très recherché, qui se manifeste dans certains vins blancs et dans les vins rouges à base de merlot et de cabernet.

MERITAGE Terme utilisé par les producteurs californiens pour désigner des vins de qualité issus de l'assemblage de grands cépages. Pour avoir droit à l'appellation de vin de cépage, la législation américaine impose un taux minimal de 75 % du cépage. La Californie a donc inventé le terme de Meritage pour désigner les vins de qualité qui ne sont pas des vins de cépage.

MERLOT Cépage noir actuellement très à la mode qui donne des vins rouges souvent faciles à boire, colorés, alcoolisés et souples.

MÉTHODE CHARMAT ou **CUVE CLOSE** Méthode industrielle peu onéreuse pour l'élaboration de vins effervescents. Contrairement à la méthode traditionnelle, la seconde fermentation se déroule dans une cuve. La boisson obtenue prend mousse, est filtrée, dosée puis mise en bouteilles sous pression.

MILLÉSIME Année de naissance d'un vin, c'est-à-dire date de la vendange. Le millésime doit apparaître sur l'étiquette.

MINÉ Se dit d'un vin faible en alcool, d'une constitution insuffisante.

MOELLEUX Se dit d'un vin peu acide et rond.

MOSEL-SAAR-RUWER Importante région viticole allemande qui relie la Sarre et la Moselle.

MOURVÈDRE Cépage rouge d'origine espagnole très répandu sur l'ensemble du littoral méditerranéen.

MOÛT Jus qui s'écoule lorsque les grains frais sont pressurés. Pour le vin rouge, on distingue le moût de goutte et le moût de presse.

MUET Se dit d'un vin qui ne dévoile ni arôme ni saveur. Il se peut qu'il soit trop jeune ou servi trop froid.

MÛR Désigne un vin parfaitement développé et prêt à être bu. L'idéal est de faire vieillir les vins jusqu'à leur maturité, différente suivant les cépages. Les grands vins peuvent vieillir plus de dix ans, voire davantage.

MUSCAT Grande famille de cépages aromatiques parfois noirs mais essentiellement blancs. On trouve plusieurs types de muscat : le muscat blanc (le plus réputé), le muscat d'Alexandrie, le muscat ottone, l'aleatico (muscat noir) et le muscat de Hambourg.

N

NAPA VALLEY Importante région viticole californienne où sont produit les meilleurs vins américains. Pourtant, seulement 5 % des vins californiens proviennent de cette région.

NEBBIOLO Cépage rouge italien cultivé dans le Piémont. C'est un cépage important qui produit de grands vins rouges. Le nebbiolo se rencontre principalement en Italie.

NERVEUX perçu dès l'attaque en bouche. Belle acidité, caractère affirmé.

NEZ Terme désignant l'ensemble des arômes du vin perçus par le nez.

NOISETTE Arôme qui se développe dans les vieux portos et dans de nombreux vins blancs.

O

ŒNOLOGIE Étude du vin.

OLOROSO Type de xérès à la robe sombre qui peut être sec ou doux. Les versions douces sont appelées " cream " ou " amoroso doux ".

ONCTUEUX Se dit d'un vin qui a du gras tout en étant riche en arômes.

OUILLAGE Technique qui consiste à ajouter du vin dans un tonneau afin qu'il soit bien plein et que le vin ne s'oxyde pas au contact de l'air.

OXYDATION Modification d'un vin au contact de l'oxygène. Ce contact peut être très profitable au vin et lui permettre de dévoiler ses arômes, mais il peut aussi le faire tourner en vinaigre.

P

PAILLE Couleur or clair qui caractérise certains vins blancs.

PÂLE Se dit d'un vin dont la couleur est très faible.

PALOMINO Cépage principal du xérès.

PÉPIN Graine de la baie de raisin. Le nombre de graines varie selon les cépages. Il est généralement de deux et n'excède pas quatre. Les pépins sont la source des tanins du vin rouge.

PETITE SYRAH Nom donné à la syrah de petit rendement. Ce cépage serait différent de la vraie syrah. C'est également le nom donné à un cépage américain, à tort semble-t-il, puisqu'il est totalement différent de la variété française.

PHYLLOXÉRA Puceron importé des États-Unis qui a dévasté les vignobles européens dans leur quasi-totalité.

PIÉMONT Importante région viticole du nord de l'Italie, célèbre pour ses vins issus du nebbiolo.

PINOT BLANC Cépage cultivé en Alsace, en Italie et dans l'Oregon (États-Unis).

PINOT GRIS Cépage aux grains roses cultivé en Alsace, en Italie et dans l'Oregon (États-Unis).

PINOT NOIR Le plus connu des pinots, c'est un cépage noble de Bourgogne. On le trouve également en Champagne et sur la côte ouest des États-Unis.

PINOTAGE Hybride propre à l'Afrique du Sud entre le pinot noir et le cinsault.

POIVRÉ Se dit d'un vin rouge dont l'arôme évoque le poivre noir. Les vins du Sud-Ouest et du Languedoc-Roussillon donnent par exemple des vins poivrés.

PORTO Vin de liqueur portugais qui doit son nom à la ville où il est produit, à l'embouchure du Douro. Ruby, tawny et vintage sont les principales variétés de porto.

POURRITURE NOBLE Nom donné à *Botrystis cinerea*, un champignon qui affecte certains grains blancs en contribuant à la concentration de sucre dans les baies flétries. C'est à la pourriture noble que l'on doit les meilleurs vins blancs liquoreux du monde (sauternes, barsac et monbazillac en France, sans oublier le fameux tokay de Hongrie).

PREMIER CRU Dans le Bordelais, premier rang dans la hiérarchie des crus mais second rang en Bourgogne, juste après le grand cru.

Q

QUALITÄSWEIN BESTIMMTER ANBAUGEBEITE (QbA) Catégorie des vins allemands de qualité intermédiaire.

QUALITÄSWEIN MIT PRADIKAT
(QmP) Catégorie des vins allemands de qualité supérieure. Le " pradikat " désigne le taux de sucre au moment des vendanges. Du plus sec au plus doux, on trouve le kabinett, le spältlese, l'auslese, le beerenauslese et le trockenbeerenauslese. Les vins QmP n'ont pas de sucre ajouté. La catégorie inférieure est la QbA. Les Tafelwein (vin de table) constituent la catégorie la plus basse.

R

RAFLE Ensemble du pédoncule et des pédicelles d'une grappe de raisin. Grappe sans ses grains.

RAISINÉ (Odeur de) Odeur rappelant celle du raisin, présente dans les vins élaborés à partir de baies très mûres ou sur-mûries. Les vins de muscat sont naturellement raisinés, quelle que soit la maturité des grains récoltés.

RÊCHE Se dit d'un vin dont les tanins ne sont pas mûrs et confèrent de l'astringence. Les vins rêches se marient bien avec les plats aillés.

REFLET Effet de lumière dans un vin, révélateur de son éclat.

RESERVA Mot présent sur les étiquettes des vins espagnols qui signifie que le vin a vieilli en fûts et/ou en bouteilles plus longtemps que les autres vins de la même région. Cela se dit en italien riserva.

RESPIRER Procédé qui consiste à exposer le vin à l'air pour le laisser achever son évolution avant de le boire. On parle aussi d'aération.

RICHE Se dit d'un vin dévoilant de multiples arômes et qui a du corps.

RIESLING Grand cépage blanc très réputé en Alsace. Il est également cultivé avec succès dans d'autres régions fraîches, notamment en Allemagne.

RIOJA Région viticole du nord de l'Espagne. Les vins qui portent le nom de rioja sont souvent des assemblages de tempranillo, un cépage local, et de grenache.

ROBUSTE Se dit d'un vin solide, bien construit et fort en alcool.

ROND Se dit d'un vin qui ne présente aucune aspérité, bien équilibré et dont tous les composants – tanins, acidité, alcool, glycérol et fruité – sont en parfaite harmonie.

ROSÉ D'ANJOU Rosé de la vallée de la Loire issu du cabernet-franc, du cabernet-sauvignon.

ROSÉ Vin de teinte claire issu de raisins rouges fermentés pratiquement en l'absence de peau (qui donnent la couleur au vin). Les différences de couleur dépendent du temps de macération des baies. Le rosé ne doit pas être le résultat d'un mélange de

vin rouge et de vin blanc (à l'exception du champagne rosé).

S

SANGIOVESE Cépage d'Italie qui produit le célèbre chianti.

SANGRIA Boisson espagnole faite de vin et de fruits qui se boit fraîche.

SAUTERNES Prestigieux vin blanc liquoreux produit dans la région de Sauternes (Gironde).

SAUVIGNON BLANC Cépage blanc de renommée internationale dont la palette aromatique est extrêmement vaste. À déguster avec du saumon fumé si vous voulez faire partie de ses inconditionnels.

SCREWPULL Tire-bouchon qui allie efficacité et facilité. Le meilleur actuellement sur le marché (voir chapitre 9).

SEC Contraire de doux. Par définition, il s'agit d'un vin possédant pas ou peu de sucre résiduel après la (ou les) fermentation(s).

SÉMILLON Cépage blanc originaire de la Gironde. Il est souvent assemblé au sauvignon blanc (en France) et au chardonnay (en Australie). Il entre aussi dans l'élaboration des vins liquoreux.

SHIRAZ Ville iranienne d'où serait originaire la syrah (appelée shiraz en Australie et en Afrique du Sud). Ce cépage donne des vins intéressants et peu onéreux.

SIRUPEUX Se dit d'un vin très concentré, à la manière d'un sirop

SOLERA Méthode de vieillissement des xérès qui consiste à rafraîchir les vins les plus âgés par un apport de vins plus jeunes. Les xérès n'ont donc pas de millésimes, car ils sont un assemblage de plusieurs années différentes.

SOLIDE Se dit d'un vin ferme, doté d'une belle construction tannique et dont le titre alcoométrique est élevé.

SOMMELIER Dans un restaurant, personne chargée de gérer la cave et de servir le vin. Ce métier exige des connaissances très approfondies sur le vin mais aussi la cuisine. Il existe des concours de sommeliers.

SONOMA VALLEY Région viticole américaine plus vaste que la Napa Valley.

SOYEUX Se dit d'un vin riche en glycérol mais dont l'acidité et les tanins sont faibles.

SPANNA Nom italien du nebbiolo.

SULFITES Ajoutés au vin du souffre (SO2). Antiseptique du vin contre l'oxydation.

SYRAH Voir Shiraz. Cépage rouge appelé shiraz en Australie et en Afrique du Sud qui produit de très grands vins. Il est cultivé dans la vallée du Rhône.

T

TABAC Odeur que l'on rencontre dans certains vins mûrs. C'est en général une qualité, notamment pour les cabernet-sauvignon.

TANINS Composés naturels du vin présents en quantité variable dans les peaux, les pépins et les rafles du raisin. Ils sont surtout très perceptibles dans les vins rouges où ils créent une sensation d'astringence lorsque les vins sont jeunes. Avec l'âge, les tanins s'adoucissent et constituent un composant essentiel de la charpente des vins. Élément essentiel pour le vieillissement du vin.

TEMPRANILLO Principal cépage rouge qui produit les vins de la Rioja en Espagne.

TERREUX Se dit d'un vin dont l'arôme ou le goût rappelle la terre.

TERROIR Terme qui regroupe les facteurs géographiques comme le climat, la nature du sol, la topographie ou l'exposition au soleil caractérisant une aire viticole.

TINTO Mot signifiant vin rouge en espagnol.

TONNEAU Récipient en bois utilisé pour le vieillissement du vin.

TOSCANE L'une des principales régions viticoles d'Italie où est produit le chianti.

TRANCHANT Se dit d'un vin à forte acidité. Ces vins se marient bien avec les sauces riches et crémeuses.

TRISTE Se dit d'un vin qui manque d'arômes ou d'acidité. Certains vins connaissent une phase sans éclat puis évoluent ensuite.

TROCKEN Terme qui signifie sec en allemand.

V

VALLÉE DE LA LOIRE Importante région viticole française, berceau du muscadet, vouvray, rosé d'Anjou, sancerre et pouilly-fumé.

VALLÉE DU RHÔNE Région de France réputée pour ses grands vins rouges puissants et quelques blancs.

VANILLE Arôme épicé fréquent dans les vins qui ont séjourné longtemps dans le bois.

VARIÉTÉ Synonyme de cépage.

VELOUTÉ Se dit d'un vin lisse en bouche et qui présente une texture soyeuse. Les vins veloutés sont faibles en acides et en tanins.

VERT Se dit d'un vin jeune dont l'acidité n'est pas encore compensée par les autres composants.

VIF Désigne un vin à l'acidité importante mais rafraîchissante.

VIN DE CÉPAGE Vin élaboré à partir d'un cépage dominant qui apparaît sur l'étiquette.

VIN DE GOUTTE Jus de raisin fermenté obtenu en laissant le jus couler librement, sans presser les grains. Ce procédé permet de ne pas extraire les tanins trop âpres.

VIN DE PAYS Vin de la catégorie des vins de table selon la définition de l'Union européenne. Ces vins légers, simples et bon marché revendiquent néanmoins une origine géographique. On les appelle vino da tavola en Italie et Tafelwein en Allemagne.

VIN DOUX ou **VIN DE LIQUEUR** Vin auquel on a ajouté de l'alcool. Le porto, le xérès, le marsala et le madère sont des vins doux ; les plus connus étant les deux premiers.

VINAIGRE Trop exposé à l'oxygène, le vin tourne en vinaigre sous l'action des bactéries acétiques qui dégradent l'alcool en acide acétique.

VINEUX Se dit d'un vin riche en alcool, puissant.

VINIFICATION Transformation du raisin en vin depuis le stade de la vendange jusqu'à la mise en bouteilles.

VINO Mot espagnol signifiant vin.

VIOGNIER Cépage blanc du nord de la vallée du Rhône, mono cépage pour « l'A.O.C. Condrieu et l'A.O.C. Château Grillet ».

VOLTIGEUR Se dit d'un vin renfermant des particules en suspension.

X

XÉRÈS Vin de liqueur espagnol. Les xérès peuvent être doux ou non, légers ou lourds et foncés ou clairs.

Z

ZINFANDEL Cépage rouge très répandu en Californie mais inexistant en France.

INDEX

MIS EN BOUTEILLE PAR FIRST

PRODUCE OF FRANCE

12 % vol.

ABSOLUMENT TOUT
SUR LE VIN

Index

NOTES

NOTES